Ulrich Vermeer

Tastenkombinationen für den Mac

Alle wichtigen Funktionen

Markt+Technik

ISBN 978-3-945384-04-6

Espenpark 8
90559 Burgthann

Produktmanagement Christian Braun
Herstellung Jutta Brunemann, j.brunemann@mut.de
Einbandgestaltung David Haberkamp
Coverfoto © Sashkin – Fotolia.com
Satz Thorsten Schlosser, Kreuztal (www.buchsetzer.de)
Druck Media-Print, Paderborn
Printed in Germany

Vorwort

Apple steht seit mehr als 30 Jahren für Innovation und Qualität auf hohem Niveau. Eine Qualität, die sich Apple immer gut bezahlen ließ – dementsprechend überschaubar blieb auch der Kreis der Apple-Nutzer. Erst mit der Einführung des iPods im Jahr 2001 brachen langsam die Dämme und die Marke Apple wurde einem immer größer werdenden Publikum zugänglich. Damit wuchs auch der bis dato elitäre Kreis der Macintosh-Nutzer langsam mit.

Dann ein Zeitsprung in den Januar des Jahres 2007. Steve Jobs stellt auf der Macworld Conference & Expo in San Francisco das iPhone vor. Von der Mehrheit zunächst belächelt, überzeugte das iPhone sehr schnell auch die letzten Skeptiker. Revolutionär am iPhone war bei der Einführung der berührungsempfindliche Bildschirm. Derartige Bildschirme gab es zwar schon vorher, aber erst Apple hat es verstanden, diese Eingabetechnik bedienbar zu machen. Nur mit einfachen Fingergesten konnte im digitalen Workflow erstmals mehr bewerkstelligt werden als durch Klicken oder Tippen mit Maus und Tastatur.

Im Windschatten des iPhones wurde die Entwicklung des iPads vorangetrieben, das Anfang 2010 die Fachwelt ein weiteres Mal zu Begeisterungsstürmen hinriss. Ein Gerät, das aussieht wie ein übergroßes iPhone, mit dem sich aber nahezu alle grundlegenden Arbeiten wie mit einem normalen Computer erledigen lassen. Seine Stärken entfaltet das iPad allerdings in seiner Eigenschaft als Immer-dabei-Computer, als Surfbrett fürs Internet, als Foto- und Videobetrachter sowie als E-Book-Reader. Sowohl iPod, iPhone als auch das iPad arbeiten auf Basis von Apples iOS-Betriebssystem für mobile Geräte.

Während iPhone und iPad die Branche aufmischen, geht natürlich auch die Entwicklung und Modellpflege im Mac-Segment weiter. Ein entscheidender Schritt war der Umstieg von Motorola-Prozessoren auf Intel-Prozessoren, die seit 2006 in allen Macs verbaut werden. Seitdem war es sogar möglich, parallel zum Betriebssystem Mac OS X mit Unterstützung der Software Boot Camp Windows auf einem Mac zu installieren. Ein Argument, das viele unzufriedene Windows-Anwender für den Systemwechsel zu Mac OS X nutzten, wovon insbesondere der iMac profitierte. Heute ist der iMac der Inbegriff des All-in-one-Computers: durchdachtes Design, wenig Platzbedarf, kein Kabelsalat – alles aus einem Guss.

Apple-Geräte sind zwar immer noch teurer als vergleichbare Geräte anderer Hersteller, aber sie punkten mit langer Lebensdauer, hoher Benutzerfreundlichkeit, intuitiver Bedienung und einem unschlagbaren Design. Ein wichtiger Aspekt in Sachen Bedienung ist das gekonnte Spiel auf der Mac-OS-X-Klaviatur. Nehmen Sie sich ein wenig Zeit und stellen Sie mit diesem Buch Ihr ganz persönliches Set an Tastenkürzeln und Fingergesten zusammen – damit Ihr OS-X-Workflow noch besser wird.

Ulrich Vermeer im Sommer 2014

Inhaltsverzeichnis

Tasten und Gesten

Die Apple-Tastatur tickt etwas anders als eine Windows-Tastatur. Die Belegung von Zahlen, Buchstaben und Satzzeichen ist gleich. Abweichungen gibt es zunächst bei den Sondertasten: Strg ist ctrl, Alt ist alt ⌥, und dann gibt es noch die cmd ⌘-Taste, auch als legendäre Apfeltaste ein Begriff.

Apple Wireless Tastatur (Foto: Apple).

Unverzichtbar sind Sonderzeichen auch für alle, die Windows via Parallels oder VMware Fusion auf dem Mac betreiben. Viele Windows-Umsteiger fragen zuerst, wo das Backslash-Zeichen \ geblieben ist, das sich auf der Mac-Tastatur hinter dem Tastenkürzel ⇧+alt ⌥+7 versteckt. Die Zeichen sind natürlich nach wie vor vorhanden, es erfordert lediglich ein Umgewöhnen bei der Eingabe.

Wie auch immer der Anwendungszweck unter Mac OS X ist – in diesem Buch finden Sie die wichtigsten Tastenkürzel für Ihre Mac-OS-X-Tastatur.

Wichtige Tasten

Alle in diesem Buch vorgestellten Tastenkürzel funktionieren sowohl mit dem Apple Wireless Keyboard als auch mit dem Apple Keyboard mit numerischer Tastatur. Lernen Sie zunächst die wichtigsten Tasten kennen, aus deren Kombinationsmöglichkeiten nahezu alle Tastenkürzel für den perfekten Workflow mit Mac OS X abgeleitet werden können.

Tasten	Bezeichnungen
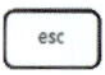	esc, Escape
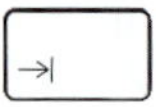	Tab, Tabulator
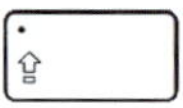	Caps Lock, Feststelltaste
	Shift, Umschalttaste
	ctrl, Kontrolltaste, Steuerungstaste
	alt, Wahltaste, Optionstaste
	cmd, Befehlstaste, Command, Apfeltaste
	Fnter, Return, Eingabetaste
	Back, Backspace, Rücktaste
	Eject, Auswurftaste, Medienauswurftaste

Tastenkürzel ändern

In den Systemeinstellungen von Mac OS X finden Sie in Zeile 2 die Einstellungen für *Tastatur*, *Maus* und *Trackpad*.

Ein Klick auf dieses Symbol öffnet die »Systemeinstellungen«.

Klicken Sie auf ein Symbol, um das entsprechende Dialogfeld mit den möglichen Geräteeinstellungen zu öffnen.

Rufen Sie das Dialogfeld *Tastatur* auf. Hier können Sie zunächst die *Tastenwiederholung* und *Ansprechverzögerung* Ihren Vorgaben entsprechend einstellen. Die Tastenwiederholung ist die Geschwindigkeit, mit der Mac OS X das Zeichen wiederholt, wenn Sie eine Taste gedrückt halten. Die Ansprechverzögerung ist die Zeitspanne zwischen dem Augenblick, in dem Sie eine Taste drücken, und dem Moment, in dem der Computer Ihre Eingabe akzeptiert.

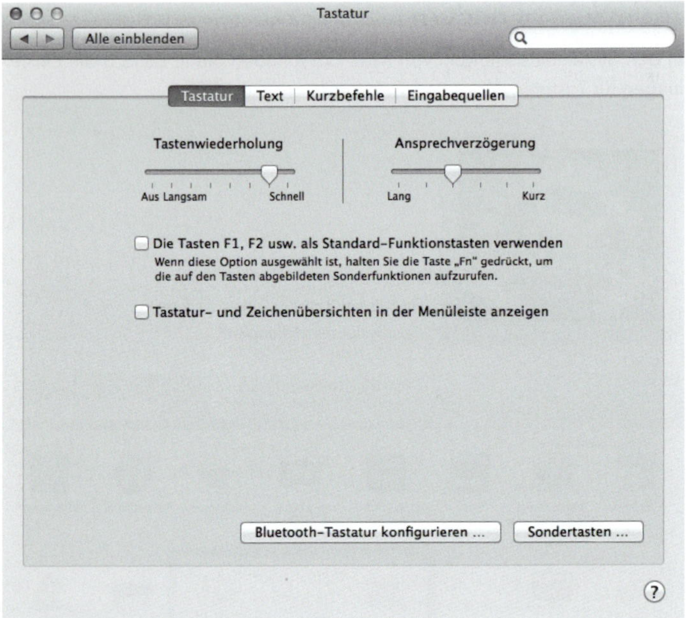

Tastenwiederholung und Ansprechverzögerung einstellen.

Egal, mit welchem Mac (MacBook Air, MacBook Pro, Mac mini, iMac oder Mac Pro) Sie arbeiten, können Sie festlegen, ob Sie die Tasten F1, F2 etc. als Standard-Funktionstasten verwenden möchten. Wenn dem so ist, müssen Sie immer die fn-Taste gedrückt halten, wenn Sie die von Apple vorgegebenen Funktionen wie das Regeln der Displayhelligkeit oder der Lautstärke der Tasten nutzen möchten. Mit dem Vorteil, dass Sie häufig genutzte Funktionstasten in Programmen mit eigenen Tastenkürzeln, sprich Kurzbefehlen, belegen können.

Tastenkürzel ändern

Bereits voreingestellte Tastenkürzel, die Sie individuell ändern können, finden Sie im Register *Kurzbefehle*. Markieren Sie die zu verändernde Tastenkombination und führen Sie anschließend einen Doppelklick auf das markierte Feld (oder leere Eingabefeld) im rechten Teil des Fensters aus. Jetzt kann das Tastenkürzel geändert oder belegt werden, sofern es noch frei ist. Ein Klick auf die Schaltfläche *Zurücksetzen* setzt alle Änderungen wieder zurück.

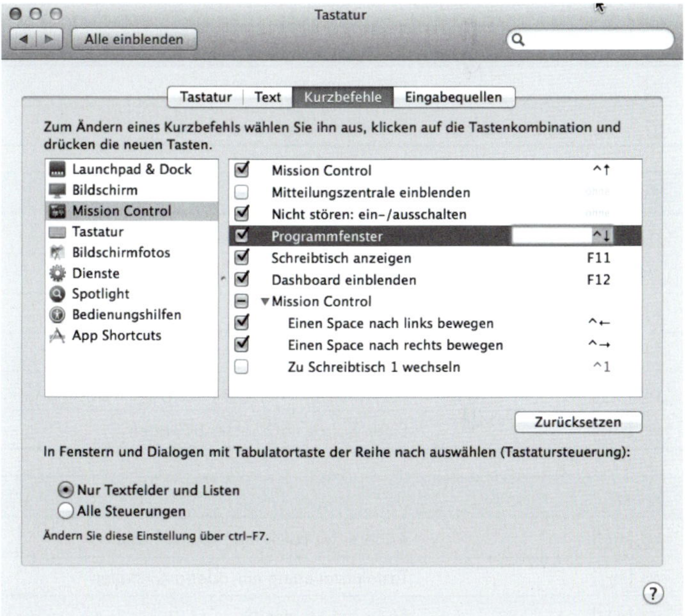

Bestehende Kurzbefehle anpassen oder neue Tastenkürzel erstellen.

Die Tabelle zeigt eine Zusammenfassung der bereits voreingestellten Kurzbefehle im Dialogfeld *Tastatur*.

Launchpad & Dock	
alt ⌥ + cmd ⌘ + D	Dock ausblenden: ein/aus
individuelle Zuweisung	Launchpad einblenden (kann individuell zugewiesen werden)

Bildschirm	
F1	Bildschirmhelligkeit verringern
F2	Bildschirmhelligkeit erhöhen

Mission Control	
ctrl + ↑	Misson Control starten
ctrl + ↓	Programmfenster
fn + F11	Schreibtisch anzeigen
fn + F12	Dashboard einblenden
ctrl + ←	Einen Space nach links bewegen
ctrl + →	Einen Space nach rechts bewegen

Tastatur	
ctrl + F7	Ändern des Fokus mit Tabulatortaste
ctrl + F1	Tastatursteuerung ein- oder ausschalten
ctrl + F2	Fokus auf Menüleiste
ctrl + F3	Fokus aufs Dock
ctrl + F4	Fokus in aktives/nächstes Fenster
ctrl + F5	Fokus auf Symbolleiste des Fensters

ctrl + F6	Fokus zum Schwebefenster
cmd ⌘ + <	Fokus in nächstes Fenster
⇧ + cmd ⌘ + <	Fokus auf Seitenleiste des Fensters
ctrl + F8	Fokus auf Statusmenüs

Bildschirmfotos	
⇧ + cmd ⌘ + 3	Bildschirmfoto als Datei sichern
ctrl + ⇧ + cmd ⌘ + 3	Ein Bildschirmfoto in die Zwischenablage legen
⇧ + cmd ⌘ + 4	Bild des ausgewählten Bereichs auf dem Schreibtisch speichern
ctrl + ⇧ + cmd ⌘ + 4	Ein Bild des ausgewählten Bereichs in die Zwischenablage legen
⇧ + cmd ⌘ + 4 + [ ]	Screenshot des hervorgehobenen Bereichs machen

Spotlight	
cmd ⌘ + [ ]	Spotlight-Suchfeld anzeigen
alt ⌥ + cmd ⌘ + [ ]	Spotlight-Fenster anzeigen

App-Shortcuts	
⇧ + cmd ⌘ + /	Hilfemenü anzeigen

Magic Mouse

Arbeiten Sie noch mit einer herkömmlichen USB-Maus, bestimmen Sie mit Schiebereglern, wie schnell der Mauszeiger auf Bewegungen der Maus reagiert, ab wann zwei Klicks als Doppelklick erkannt werden oder wie schnell das Scrollen in Dokumenten oder Webseiten mit dem Scrollrad vonstattengeht.

Arbeiten Sie mit der Apple Magic Mouse, zeigen Ihnen nach dem Aufruf des Dialogfelds *Maus* kurze Videosequenzen, wie Sie die eingestellten Funktionen durch Tippen und Streichen der Mausoberfläche auslösen können.

Apple Magic Mouse (Foto: Apple).

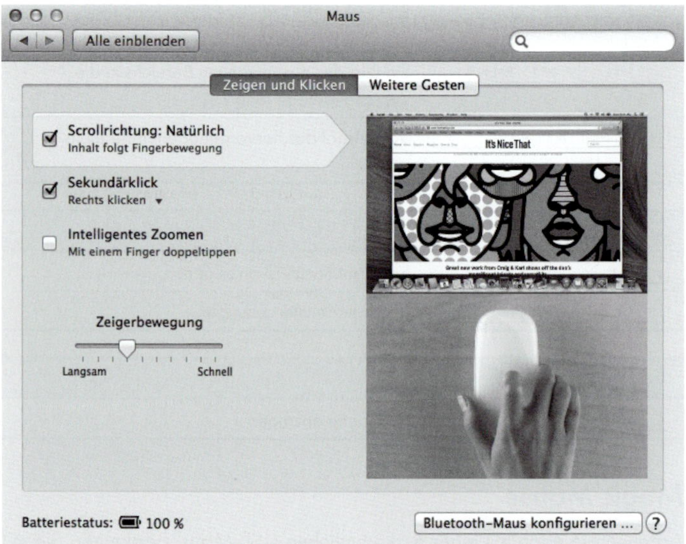

Stellen Sie vorzugsweise das Kontrollfeld »Scrollrichtung: Natürlich« ein und aktivieren Sie den »Sekundärklick« zum schnellen Aufrufen von Kontextmenüs. Kurze Videoclips zeigen zu jeder Funktion die entsprechende Mausgeste.

Die Tabelle zeigt eine Zusammenfassung der bereits voreingestellten Funktionen und möglicher Mausgesten.

Magic-Mouse-Gesten	
Scrollrichtung: Natürlich	Der Inhalt eines Fensters folgt Ihrer Fingerbewegung.
Sekundärklick	Mit dem Sekundärklick (links oder rechts) starten Sie das entsprechende Kontextmenü einer aktiven Anwendung. Klicken Sie z. B. mit rechts auf einen Bereich des Schreibtischs, erscheint das Kontextmenü mit diversen Einstellungen wie Informationen, Schreibtischhintergrund ändern u. a.
Intelligentes Zoomen	Mit Doppeltippen nur eines Fingers vergrößern Sie die Ansicht von Webseiten. Ein weiteres Doppeltippen verkleinert die Ansicht wieder.
Zeigerbewegung	Hier stellen Sie ein, ob sich der Mauszeiger schnell oder eher langsam bewegen soll.
Mit Streichen Seiten blättern	Durch den Verlauf besuchter Websites blättern: ▪ mit einem Finger horizontal blättern ▪ mit zwei Fingern horizontal streichen ▪ mit einem oder zwei Fingern horizontal blättern
Mit Streichen Spaces und/oder Vollbild-Apps wechseln	Arbeiten Sie mit mehreren Spaces oder geöffneten Vollbild-Apps, wechseln Sie zwischen den Ansichten hin und her, indem Sie mit drei oder vier Fingern horizontal streichen.
Mission Control	Doppeltippen mit zwei Fingern startet und schließt die Mission Control.

Magic Trackpad

Hat man sich erst einmal an das Trackpad gewöhnt, wird man es nicht wieder hergeben wollen. Dank der Multitouch-Funktion sind die Möglichkeiten, die man mit der Trackpad-Steuerung hat, vielseitiger und komfortabler als mit der Maus. Die Erklärung respektive die Darstellung der einzelnen Funktionen ist – wie für Apple typisch – vorbildlich gelöst. Klickt man auf eine der Funktionen, zeigt Ihnen ein Videoclip, wie man die Funktion mit Finger und Trackpad ausführt.

Apple Magic Trackpad (Foto: Apple).

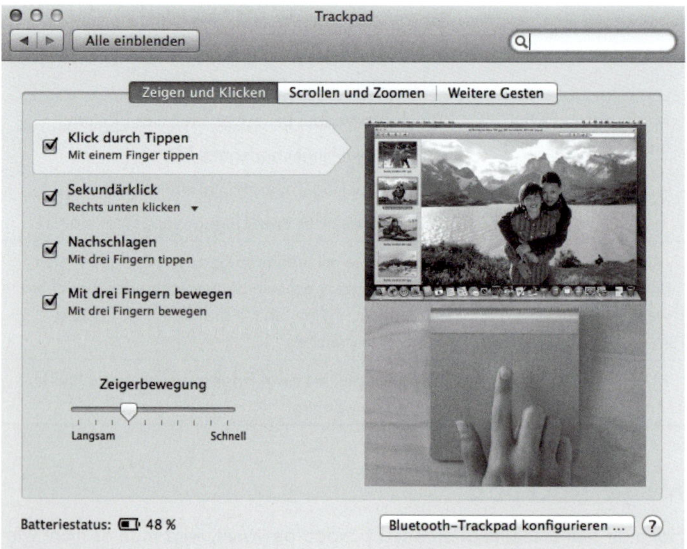

Kurze Videoclips zeigen zu jeder Funktion die entsprechende Geste.

Die Tabelle zeigt eine Zusammenfassung der bereits voreingestellten Funktionen und anpassbarer Trackpad-Gesten.

Zeigen und Klicken	
Klick durch Tippen	Mit nur einem Finger tippen
Sekundärklick	Mit dem Sekundärklick öffnen Sie das entsprechende Kontextmenü einer aktiven Anwendung. Sie haben die Wahl zwischen Klicken und Tippen: ■ mit zwei Fingern klicken oder tippen ■ auf die rechte untere Ecke klicken ■ auf die linke untere Ecke klicken
Nachschlagen	Als Beispiel: Haben Sie die Lexikon-App geöffnet, zeigt ein Tipp mit drei Fingern weiterführende Erläuterungen zu einem markierten Begriff an.
Mit drei Fingern bewegen	Möchten Sie ein Fenster verschieben, führen Sie den Mauszeiger mit einem Finger auf die Titelleiste des Fensters. Jetzt können Sie mit drei Fingern das Fenster auf dem Schreibtisch verschieben.
Zeigerbewegung	Hier stellen Sie ein, ob sich der Mauszeiger schnell oder eher langsam bewegen soll.

Scrollen und Zoomen	
Scrollrichtung: Natürlich	Der Inhalt eines Fensters folgt Ihrer Fingerbewegung.
Ein- oder Auszoomen	Durch Auf- und Zuziehen von Daumen und Zeigefinger vergrößern oder verkleinern Sie die Anzeige von Bildern und Webseiten.
Intelligentes Zoomen	Ein Doppeltipp mit zwei Fingern vergrößert die Anzeige von Webseiten und Bildern.
Drehen	Mit Daumen und Zeigefinger drehen Sie Bilder entweder im oder gegen den Uhrzeigersinn.

Weitere Gesten	
Mit Streichen Seiten blättern	Durch den Verlauf besuchter Websites blättern, Sie haben die Wahl zwischen: ■ mit zwei Fingern horizontal blättern ■ mit drei Fingern streichen ■ mit zwei oder drei Fingern streichen
Mit Streichen Vollbild-Apps wechseln	Arbeiten Sie mit mehreren geöffneten Vollbild-Apps, wechseln Sie zwischen den Apps hin und her, indem Sie entweder ■ mit vier Fingern horizontal streichen oder ■ mit drei Fingern horizontal streichen
Mitteilungszentrale	Mit zwei Fingern vom rechten Rand nach links streichen
Mission Control	Öffnet und schließt die Mission Control, Sie haben die Wahl zwischen: ■ mit vier Fingern aufwärts streichen ■ mit drei Fingern aufwärts streichen
App Exposé	Öffnet und schließt App Exposé, Sie haben die Wahl zwischen: ■ mit vier Fingern abwärts streichen ■ mit drei Fingern abwärts streichen
Launchpad	Möchten Sie über das Launchpad ein neues Programm starten, ziehen Sie Daumen (untere linke Ecke) und drei Finger (obere rechte Ecke) zusammen.
Schreibtisch anzeigen	Das Auseinanderziehen von Daumen und drei Fingern holt den Schreibtisch wieder zurück.

Basisworkflow

Der Löwe hat ausgebrüllt und wird von OS X Mavericks abgelöst. Mavericks macht den Mac noch leistungsfähiger und ist ein weiterer großer Schritt hin zum intuitiven Workflow. Leistungsoptimierungen an nahezu jedem Baustein von OS X und die Bereitstellung vieler neuer Programme bringen auch neue Tastenkürzel mit, die Ihnen dieses Buch vorstellt.

Häufige Tastenkürzel

Egal, mit welcher Version von Mac OS X Sie arbeiten, die folgenden Tastenkürzel sind diejenigen, die bei der Arbeit mit einem Mac im Basisworkflow am häufigsten eingesetzt werden.

Workflow	
cmd ⌘ + ,	Einstellungen des aktiven Programms
cmd ⌘ + X	Ausschneiden
cmd ⌘ + C	Kopieren
cmd ⌘ + V	Einsetzen
cmd ⌘ + A	Alle auswählen
cmd ⌘ + Z	Zurück
⇧ + cmd ⌘ + Z	Wiederholen
cmd ⌘ + P	Drucken
cmd ⌘ + S	Speichern
cmd ⌘ + Leertaste	Spotlight-Suche
cmd ⌘ + ←	Dateien und Ordner in den Papierkorb legen

Basisworkflow

cmd ⌘ + ⇧ + ←	Papierkorb entleeren
cmd ⌘ + M	Aktives Fenster ins Dock legen
cmd ⌘ + H	Aktives Fenster ausblenden
cmd ⌘ + W	Fenster schließen
cmd ⌘ + →|	Zwischen geöffneten Programmen wechseln
cmd ⌘ + Q	Aktives Programm beenden
cmd ⌘ + E	Externe Speichermedien auswerfen
⏏	CD/DVD auswerfen
ctrl + ⇧ + ⏏	Schaltet den Monitor aus
⇧ + cmd ⌘ + Q	Meldet den aktuellen Benutzer ab
alt ⌥ + cmd ⌘ + ctrl + ⏏	Unverzügliches Herunterfahren ohne Sicherheitsabfrage
fn, fn	Diktat starten
fn (oder ↩)	Diktat stoppen
ctrl + cmd ⌘ + Leertaste	Sonderzeichen

Der Finder

Der Finder ist Dreh- und Angelpunkt fast aller Aktionen auf dem Mac. Vom Finder aus starten Sie Programme, bearbeiten Dateien, steuern Freigaben, Geräte und mehr.

Finder	
cmd ⌘ + ,	Finder-Einstellungen
cmd ⌘ + H	Finder ausblenden

Ablage

cmd ⌘ + N	Neues Finder-Fenster
⇧ + cmd ⌘ + N	Neuer Ordner
ctrl + cmd ⌘ + N	Neuer Ordner aus der Auswahl
cmd ⌘ + T	Neuer Tab
cmd ⌘ + O	Öffnen
cmd ⌘ + P	Drucken
cmd ⌘ + W	Aktuelles Finder-Fenster schließen
cmd ⌘ + I	Informationen
cmd ⌘ + D	Duplizieren
cmd ⌘ + L	Alias erzeugen
cmd ⌘ + Y	Übersicht
cmd ⌘ + R	Zeigt den Speicherort der Originaldatei des Alias an
ctrl + cmd ⌘ + T	Zur Seitenleiste hinzufügen
cmd ⌘ + ←	In den Papierkorb legen
cmd ⌘ + E	Externe Speichermedien auswerfen
cmd ⌘ + F	Suchen

Bearbeiten

cmd ⌘ + Z	Bewegen von Objekten widerrufen
cmd ⌘ + X	Ausschneiden
cmd ⌘ + C	Kopieren
cmd ⌘ + V	Einsetzen
cmd ⌘ + A	Alle auswählen
ctrl + cmd ⌘ + [Leertaste]	Sonderzeichen

Darstellung	
cmd ⌘ + 1	Symbolansicht
cmd ⌘ + 2	Listenansicht
cmd ⌘ + 3	Spaltenansicht
cmd ⌘ + 4	Cover-Flow-Ansicht
ctrl + cmd ⌘ + T	Tableiste ein-/ausblenden
alt ⌥ + cmd ⌘ + P	Pfadleiste ein-/ausblenden
cmd ⌘ + #	Statusleiste ein-/ausblenden
alt ⌥ + cmd ⌘ + S	Seitenleiste ein-/ausblenden
alt ⌥ + cmd ⌘ + T	Symbol- und Seitenleiste ein-/ausblenden
cmd ⌘ + J	Darstellungsoptionen ein-/ausblenden

Gehe zu	
cmd ⌘ + Ö	Zurück
cmd ⌘ + Ä	Vorwärts
cmd ⌘ + ↑	Übergeordneter Ordner
⇧ + cmd ⌘ + F	Alle meine Dateien
⇧ + cmd ⌘ + O	Dokumente
⇧ + cmd ⌘ + D	Schreibtisch
alt ⌥ + cmd ⌘ + L	Downloads
⇧ + cmd ⌘ + H	Benutzerordner
⇧ + cmd ⌘ + C	Computer
⇧ + cmd ⌘ + R	AirDrop
⇧ + cmd ⌘ + K	Netzwerk
⇧ + cmd ⌘ + A	Programme

⇧ + cmd ⌘ + U	Dienstprogramme
⇧ + cmd ⌘ + G	Gehe zu Ordner
cmd ⌘ + K	Mit Server verbinden

Fenster	
cmd ⌘ + M	Im Dock ablegen

Hilfe	
cmd ⌘ + ?	Hilfe

Bearbeiten von Texten

Beim Schreiben von E-Mails und Erstellen von Texten mit TextEdit, beim Notizbuch oder dem Erstellen mehrseitiger Dokumente mit Pages arbeiten Sie mit diesen Tastenkürzeln wesentlich effizienter als nur mit der Maus.

Textbearbeitung	
ctrl + A	Cursor zum Zeilenanfang oder zum Absatzanfang bewegen
ctrl + E	Cursor zum Zeilenende oder zum Absatzende bewegen
ctrl + D	Je ein Zeichen rechts vom Cursor löschen
ctrl + H	Je ein Zeichen links vom Cursor löschen

ctrl + K	Alle Zeichen rechts vom Cursor bis zum Zeilenende oder Absatzende löschen
ctrl + N	Cursor eine Zeile nach unten bewegen
ctrl + P	Cursor eine Zeile nach oben bewegen
ctrl + O	Rechts vom Cursor eine neue Zeile einfügen
ctrl + T	Ein Zeichen vor und hinter dem Cursor vertauschen
cmd ⌘ + I	Markierte Zeichen kursiv setzen
cmd ⌘ + B	Markierte Zeichen fett setzen
cmd ⌘ + U	Markierte Zeichen unterstreichen
alt ⌥ + ←	Ganze Wörter links vom Cursor löschen

Lexikon

Hinter dem Lexikon stecken das Duden-Wissensnetz deutsche Sprache, das Apple-Lexikon und Wikipedia.

Grundfunktionen	
cmd ⌘ + ,	Einstellungen
cmd ⌘ + H	Lexikon ausblenden
alt ⌥ + cmd ⌘ + H	Andere ausblenden
cmd ⌘ + Q	Lexikon beenden
Ablage	
cmd ⌘ + N	Neues Fenster
cmd ⌘ + W	Schließen
cmd ⌘ + P	Drucken

Bearbeiten	
cmd ⌘ + Z	Widerrufen
⇧ + cmd ⌘ + Z	Wiederholen
cmd ⌘ + C	Kopieren
cmd ⌘ + A	Alle auswählen

Gehe zu	
cmd ⌘ + Ö	Zurück
cmd ⌘ + Ä	Vorwärts

Suchen	
cmd ⌘ + 0	Alle Lexika
cmd ⌘ + 1	Duden-Wissensnetz deutsche Sprache
cmd ⌘ + 2	Apple-Lexikon
cmd ⌘ + 3	Wikipedia
⇧ + cmd ⌘ + Ä	Nächstes Lexikon auswählen
⇧ + cmd ⌘ + Ö	Vorheriges Lexikon auswählen

Fenster	
cmd ⌘ + M	Im Dock ablegen

Apples Bedienungshilfen

Mit diesen Tastenkürzeln bewegen Sie sich in Fenstern, in Dokumenten, rufen Mission Control und Dashboard auf. Oder Sie steuern den Mauszeiger mit der Tastatur – dazu muss in den *Optionen für Bedienungshilfen* das Kontrollfeld *Mausbedienung aktivieren* markiert werden.

Bedienungshilfen	
→|	Zum nächsten Objekt wechseln
⇧ + →|	Zurück zum vorherigen Objekt
ctrl + →|	In einem ausgewählten Bereich bewegen, z. B. in einer Tabellenzelle
Leertaste	Markiertes Objekt wählen
← oder →	Bei aktiver Menüleiste von Menü zu Menü bewegen
↑ oder ↓	In einem ausgewählten Menü bewegen
↩	Ein angewähltes Menü öffnen
ctrl + ↑	Mission Control aufrufen
ctrl + ↓	Zurück zum Programm
ctrl + ←	Dashboard aufrufen
ctrl + →	Zurück zum Programm
alt ⌥ + cmd ⌘ + D	Dock ausblenden
⇧ + cmd ⌘ + /	Hilfemenü öffnen
alt ⌥ + cmd ⌘ + F5	Optionen für Bedienungshilfen
8	Mauszeiger nach oben
2	Mauszeiger nach unten
4	Mauszeiger nach links
6	Mauszeiger nach rechts
1	Mauszeiger diagonal nach links unten
3	Mauszeiger diagonal nach rechts unten
7	Mauszeiger diagonal nach links oben
9	Mauszeiger diagonal nach rechts oben

5	Maustaste drücken
0	Maustaste gedrückt halten

Sonderzeichen

Sonderzeichen auf der Apple-Tastatur	
alt ⌥ + ⇧ + +	(Apfel)
alt ⌥ + L	@ (At)
alt ⌥ + E	€ (Euro)
alt ⌥ + ⇧ + 4	£ (Britisches Pfund)
⇧ + 4	$ (US-Dollar)
alt ⌥ + G	© (Copyright)
alt ⌥ + ⇧ + D	™ (Trademark)
alt ⌥ + R	® (Registered Trademark)
⇧ + 3	§ (Paragraf)
alt ⌥ + T	† (Gestorben)
⇧ + 5	% (Prozent)
alt ⌥ + ⇧ + E	‰ (Pro Tausend)
alt ⌥ + P	π (Pi)
alt ⌥ + ,	∞ (Unendlich)
alt ⌥ + 0	≠ (Ungleich)
alt ⌥ + ⇧ + 7	\ (Backslash)
⇧ + 7	/ (Slash)
alt ⌥ + 7	| (senkrechter Strich)
alt ⌥ + Ü	• (mittiger Punkt)

alt ⌥ + .	… (drei Punkte)
alt ⌥ + N	˜ (Tilde)
alt ⌥ + V	√ (Häkchen setzen)
alt ⌥ + K	∆ (Delta)
alt ⌥ + W	∑ (Summe)
alt ⌥ + O	∅ (Durchschnitt)
alt ⌥ + +	± (Plus/Minus)
alt ⌥ + ⇧ + W	„ (deutsches Anführungszeichen unten)
alt ⌥ + 2	" (deutsches Anführungszeichen oben)
alt ⌥ + S	‚ (deutsches Anführungszeichen einfach unten)
alt ⌥ + #	' (deutsches Anführungszeichen einfach oben)
alt ⌥ + ⇧ + Q	» (französisches öffnendes Anführungszeichen)
alt ⌥ + Q	« (französisches schließendes Anführungszeichen)
alt ⌥ + 5	[(eckige Klammer auf)
alt ⌥ + 6	] (eckige Klammer zu)
⇧ + 8	((normale Klammer auf)
⇧ + 9	) (normale Klammer zu)
alt ⌥ + 8	{ (geschwungene Klammer auf)
alt ⌥ + 9	} (geschwungene Klammer zu)

Systemstart

Die folgenden Tastenkürzel werden Sie nur selten gebrauchen. Wenn es dann doch einmal sein sollte, halten Sie einfach die Taste oder das Tastenkürzel beim Hochfahren des Computers gedrückt.

Beim Booten von Mac OS X	
alt ⌥	Anzeige startfähiger Laufwerke im Start-up-Manager
⇧	Im gesicherten Modus starten
cmd ⌘+R	Wiederherstellung von OS X
cmd ⌘+V	Ablaufprotokoll anzeigen
cmd ⌘+S	Im Einzelbenutzermodus starten
C	Von einem bootfähigen Medium starten (USB-Stick, DVD u. a.)
T	Im Festplattenmodus starten
D	Apple-Hardwaretest verwenden
Maustaste gedrückt halten	CD/DVD auswerfen

Ruhezustand und Ausschalten

Ruhezustand/Aus	
cmd ⌘+ctrl+Ein-/Aus-Schalter	Einen Neustart erzwingen
ctrl+⏏	Neustart, Ruhezustand, Abbrechen, Ausschalten
cmd ⌘+alt ⌥+⏏	Sofortiger Ruhezustand
⇧+ctrl+⏏	Bildschirm(e) in den Ruhezustand
cmd ⌘+alt ⌥+ctrl+⏏	Beendet alle Programme und schaltet den Mac aus
Ein-/Aus-Schalter länger als 5 Sekunden gedrückt halten	Ausschalten des Macs erzwingen

Smart Surfen

Beim ersten Start eines neuen Macs findet OS X automatisch alle WLANs in unmittelbarer Umgebung. Der Anwender braucht nur noch seinen Netzwerkschlüssel einzugeben, und nichts steht der freien Fahrt ins World Wide Web mehr im Weg.

Safari

Safari ist Apples Antwort auf Google Chrome, den Microsoft Internet Explorer und Mozilla Firefox und einfach die beste Art, schnell und smart durchs Web zu surfen. Und im Zusammenspiel mit iCloud sorgt Safari für den optimalen Datenabgleich mit allen verbundenen Apple-Geräten.

Grundfunktionen	
cmd ⌘ + ,	Einstellungen
cmd ⌘ + H	Safari ausblenden
alt ⌥ + cmd ⌘ + H	Andere ausblenden
cmd ⌘ + Q	Safari beenden

Ablage	
cmd ⌘ + N	Neues Fenster
cmd ⌘ + T	Neuer Tab
cmd ⌘ + O	Datei öffnen
cmd ⌘ + L	Adresse öffnen
cmd ⌘ + W	Fenster schließen

alt ⌥ + cmd ⌘ + W	Alle Fenster schließen
cmd ⌘ + S	Sichern unter
cmd ⌘ + P	Drucken
cmd ⌘ + I	Diese Seite mailen

Bearbeiten

cmd ⌘ + Z	Widerrufen
⇧ + cmd ⌘ + Z	Wiederholen
cmd ⌘ + X	Ausschneiden
cmd ⌘ + C	Kopieren
cmd ⌘ + V	Einsetzen
alt ⌥ + ⇧ + cmd ⌘ + V	Einsetzen und Stil anpassen
cmd ⌘ + A	Alles auswählen
⇧ + cmd ⌘ + A	Formular automatisch ausfüllen
alt ⌥ + cmd ⌘ + F	Suchen mit Google-Suche
cmd ⌘ + F	Suchen
cmd ⌘ + G	Weitersuchen (vorwärts)
⇧ + cmd ⌘ + G	Weitersuchen (rückwärts)
⇧ + cmd ⌘ + F	Suchbanner ausblenden
cmd ⌘ + E	Auswahl suchen
cmd ⌘ + J	Gesuchte Auswahl anzeigen
cmd ⌘ + :	Rechtschreibung und Grammatik einblenden
cmd ⌘ + ;	Dokument jetzt auf Rechtschreibung und Grammatik prüfen

Darstellung	
⇧ + cmd ⌘ + B	Favoritenleiste ein-/ausblenden
⇧ + cmd ⌘ + L	Seitenleiste ein-/ausblenden
⇧ + cmd ⌘ + T	Tableiste ein-/ausblenden
cmd ⌘ + /	Statusleiste ein-/ausblenden
ctrl + cmd ⌘ + 1	Seitenleiste für Lesezeichen ein-/ausblenden
ctrl + cmd ⌘ + 2	Seitenleiste für Leseliste ein-/ausblenden
ctrl + cmd ⌘ + 3	Seitenleiste für freigegebene Links ein-/ausblenden
⇧ + cmd ⌘ + R	Reader ein-/ausblenden
⇧ + cmd ⌘ + /	Alle Tabs einblenden
alt ⌥ + cmd ⌘ + L	Downloads anzeigen
cmd ⌘ + .	Stopp
cmd ⌘ + R	Seite neu laden
cmd ⌘ + 0	Originalgröße
cmd ⌘ + +	Vergrößern
cmd ⌘ + -	Verkleinern
ctrl + cmd ⌘ + F	Vollbild ein

Verlauf	
alt ⌥ + cmd ⌘ + 1	Top Sites einblenden
alt ⌥ + cmd ⌘ + 2	Verlauf einblenden
cmd ⌘ + [	Zurück
cmd ⌘ +]	Vorwärts

⇧ + cmd ⌘ + H	Startseite
alt ⌥ + cmd ⌘ + S	SnapBack zur Suchergebnis-Seite

Lesezeichen

alt ⌥ + cmd ⌘ + B	Lesezeichen bearbeiten
cmd ⌘ + D	Lesezeichen hinzufügen
⇧ + cmd ⌘ + N	Lesezeichenordner hinzufügen
⇧ + cmd ⌘ + D	Zur Leseliste hinzufügen
alt ⌥ + cmd ⌘ + ↑	Vorheriges Objekt in Leseliste auswählen
alt ⌥ + cmd ⌘ + ↓	Nächstes Objekt in Leseliste auswählen
cmd ⌘ + 1 bis cmd ⌘ + 9	Eigene Links in der Favoritenleiste

Fenster

cmd ⌘ + M	Im Dock ablegen
ctrl + ⇧ + ⇥	Vorherigen Tab anzeigen
ctrl + ⇥	Nächsten Tab anzeigen

Mediencenter

Wer mit Musik, Büchern und Apps hantiert, kommt um iTunes nicht herum. Und iTunes ist weit mehr als nur der Mittler zwischen Mac OS X und iOS-Geräten. Insbesondere im Zusammenspiel mit iPhone, iPad und iPod führt kein Weg an iTunes vorbei.

iTunes

Ohne Wenn und Aber: iTunes ist die perfekte Medienzentrale. Die Software ist gratis auf jedem Mac vorinstalliert und hat sich nicht zuletzt aufgrund des Funktionsumfangs zum Quasi-Standard gemausert.

Grundfunktionen	
cmd ⌘ + ,	Einstellungen
cmd ⌘ + H	iTunes ausblenden
alt ⌥ + cmd ⌘ + H	Andere ausblenden
cmd ⌘ + Q	iTunes beenden

Ablage	
cmd ⌘ + N	Neue Wiedergabeliste
⇧ + cmd ⌘ + N	Neue Wiedergabeliste aus Auswahl
alt ⌥ + cmd ⌘ + N	Intelligente Wiedergabeliste
cmd ⌘ + W	Fenster schließen
cmd ⌘ + O	Zur Mediathek hinzufügen
cmd ⌘ + U	Stream öffnen
cmd ⌘ + I	Information
⇧ + cmd ⌘ + R	Im Finder anzeigen

cmd ⌘ + P	Drucken

Bearbeiten

⇧ + cmd ⌘ + Z	Widerrufen
⇧ + cmd ⌘ + Z	Wiederholen
cmd ⌘ + X	Ausschneiden
cmd ⌘ + C	Kopieren
cmd ⌘ + V	Einsetzen
←	Löschen
cmd ⌘ + A	Alle auswählen

Darstellung

cmd ⌘ + J	Darstellungsoptionen ein-/ausblenden
cmd ⌘ + B	Spaltenbrowser einblenden
alt ⌥ + cmd ⌘ + U	Nächsten Titel ein-/ausblenden
cmd ⌘ + ß	Statusleiste ein-/ausblenden
alt ⌥ + cmd ⌘ + S	Seitenleiste ein-/ausblenden
cmd ⌘ + T	Visuelle Effekte ein-/ausblenden
ctrl + cmd ⌘ + F	Vollbildmodus ein/aus

Steuerung

[Leertaste]	Wiedergabe starten/Pause
alt ⌥ + [Leertaste]	Zufällige Wiedergabe
cmd ⌘ + .	Stopp
cmd ⌘ + →	Weiter
cmd ⌘ + ←	Zurück

cmd ⌘ + L	Zum aktuellen Titel
ctrl + ⇧ + cmd ⌘ + →	Nächstes Kapitel (bei Hörbüchern)
ctrl + ⇧ + cmd ⌘ + ←	Vorheriges Kapitel (bei Hörbüchern)
cmd ⌘ + ↑	Lautstärke erhöhen
cmd ⌘ + ↓	Lautstärke verringern
cmd ⌘ + E	Medium auswerfen

Store	
cmd ⌘ + Ö	Zurück
cmd ⌘ + Ä	Weiter
⇧ + cmd ⌘ + H	Startseite
cmd ⌘ + R	Seite neu laden

Fenster	
cmd ⌘ + M	Im Dock ablegen
alt ⌥ + cmd ⌘ + 1	iTunes
alt ⌥ + cmd ⌘ + 2	Equalizer
alt ⌥ + cmd ⌘ + 3	MiniPlayer
alt ⌥ + cmd ⌘ + 4	Downloads
⇧ + cmd ⌘ + M	Zum MiniPlayer wechseln

iBooks

iBooks ist die App zum Laden und Lesen von Büchern und PDF-Dokumenten. Zudem kann iBooks auch Bücher und Dokumente im EPUB-Format synchronisieren und darstellen.

Grundfunktionen

cmd ⌘ + ,	Einstellungen
cmd ⌘ + H	iBooks ausblenden
alt ⌥ + cmd ⌘ + H	Andere ausblenden
cmd ⌘ + Q	iBooks beenden

Ablage

cmd ⌘ + O	Buch öffnen
cmd ⌘ + W	Schließen
cmd ⌘ + N	Neue Sammlung
⇧ + cmd ⌘ + O	Zur Bibliothek hinzufügen

Bearbeiten

cmd ⌘ + Z	Widerrufen
⇧ + cmd ⌘ + Z	Wiederholen
cmd ⌘ + X	Ausschneiden
cmd ⌘ + C	Kopieren
cmd ⌘ + V	Einsetzen
cmd ⌘ + A	Alle auswählen
cmd ⌘ + D	Lesezeichen

Darstellung

cmd ⌘ + T	Inhaltsverzeichnis
⇧ + cmd ⌘ + T	Miniaturen

Mediencenter

cmd ⌘ + 3	Randnotizen einblenden
cmd ⌘ + 4	Notizen einblenden
cmd ⌘ + 5	Lernkarten anzeigen
cmd ⌘ + 6	Glossar einblenden
cmd ⌘ + 1	Einzelseiten
cmd ⌘ + 2	Doppelseiten
cmd ⌘ + 0	Originalgröße
cmd ⌘ + +	Vergrößern
cmd ⌘ + -	Verkleinern
ctrl + cmd ⌘ + F	Vollbild ein

Gehe zu

⇧ + cmd ⌘ + →	Nächstes Kapitel
⇧ + cmd ⌘ + ←	Vorheriges Kapitel
cmd ⌘ + Ö	Zurück
cmd ⌘ + Ä	Vorwärts

Store

⇧ + cmd ⌘ + H	Store-Startseite
cmd ⌘ + R	Neu laden

Fenster

cmd ⌘ + M	Im Dock ablegen
cmd ⌘ + L	Bibliothek

iBooks Author

iBooks Author ist die ideale Software für die komfortable Erstellung multimedialer E-Books in Apples iBooks-Format oder als PDF-Dokument. iBooks Author ist nicht vorinstalliert, steht aber im Mac App Store kostenlos zum Download bereit.

Grundfunktionen	
cmd ⌘ + ,	Einstellungen
cmd ⌘ + H	iBooks Author ausblenden
alt ⌥ + cmd ⌘ + H	Andere ausblenden
cmd ⌘ + Q	iBooks Author beenden

Ablage	
cmd ⌘ + N	Neu
⇧ + cmd ⌘ + N	Neu aus einer Vorlage
cmd ⌘ + O	Öffnen
cmd ⌘ + W	Schließen
cmd ⌘ + S	Sichern
⇧ + cmd ⌘ + S	Duplizieren
⇧ + cmd ⌘ + P	Veröffentlichen
alt ⌥ + cmd ⌘ + P	Vorschau
cmd ⌘ + P	Drucken

Bearbeiten	
cmd ⌘ + Z	Widerrufen
⇧ + cmd ⌘ + Z	Wiederholen

Mediencenter

cmd ⌘ + X	Ausschneiden
cmd ⌘ + C	Kopieren
cmd ⌘ + V	Einsetzen
alt ⌥ + ⇧ + cmd ⌘ + V	Einsetzen und Stil anpassen
cmd ⌘ + D	Duplizieren
cmd ⌘ + A	Alles auswählen
⇧ + cmd ⌘ + A	Auswahl aufheben
cmd ⌘ + F	Suchen
cmd ⌘ + G	Weitersuchen (vorwärts)
⇧ + cmd ⌘ + G	Weitersuchen (rückwärts)
cmd ⌘ + E	Auswahl suchen
cmd ⌘ + J	Gesuchte Auswahl anzeigen
cmd ⌘ + :	Rechtschreibung und Grammatik einblenden
cmd ⌘ + ;	Rechtschreibprüfung durchführen
ctrl + cmd ⌘ + [Leertaste]	Sonderzeichen

Einfügen

alt ⌥ + cmd ⌘ + E	Gleichung
⇧ + cmd ⌘ + V	Auswählen
alt ⌥ + ⇧ + cmd ⌘ + P	Form zeichnen

Format

cmd ⌘ + T	Schriften einblenden
cmd ⌘ + B	Schrift fett

cmd ⌘ + I	Schrift kursiv
cmd ⌘ + U	Schrift unterstreichen
cmd ⌘ + +	Schrift größer
cmd ⌘ + -	Schrift kleiner
ctrl + cmd ⌘ + +	Hochgestellt
ctrl + cmd ⌘ + -	Tiefgestellt
cmd ⌘ + Ö	Text linksbündig
cmd ⌘ + Ü	Text zentriert
cmd ⌘ + Ä	Text rechtsbündig
⇧ + cmd ⌘ + Ü	Text in Blocksatz
⇧ + cmd ⌘ + Ö	Einzug-Ebene einer Liste verringern
⇧ + cmd ⌘ + Ä	Einzug-Ebene einer Liste erhöhen
⇧ + cmd ⌘ + D	Dateneditor einblenden
⇧ + cmd ⌘ + M	Bild maskieren
alt ⌥ + ⇧ + cmd ⌘ + C	Zeichenstil kopieren
alt ⌥ + cmd ⌘ + C	Absatzstil kopieren/Grafikstil kopieren
alt ⌥ + cmd ⌘ + V	Stil einsetzen
cmd ⌘ + Y	Glossarbegriff aus Auswahl erstellen
ctrl + alt ⌥ + cmd ⌘ + T	Als Platzhalter festlegen
ctrl + alt ⌥ + cmd ⌘ + I	Als Medienplatzhalter definieren

Anordnen

alt ⌥ + ⇧ + cmd ⌘ + F	Schrittweise vorwärts
⇧ + cmd ⌘ + F	Ganz nach vorne

alt ⌥ + ⇧ + cmd ⌘ + B	Schrittweise rückwärts
⇧ + cmd ⌘ + B	Ganz nach hinten
cmd ⌘ + L	Schützen
alt ⌥ + cmd ⌘ + L	Schutz aufheben
alt ⌥ + cmd ⌘ + G	Gruppieren
alt ⌥ + ⇧ + cmd ⌘ + G	Gruppierung aufheben

Darstellung

⇧ + cmd ⌘ + T	Stile ein-/ausblenden
cmd ⌘ + R	Lineale ein-/ausblenden
⇧ + cmd ⌘ + R	Formatierungsleiste ein-/ausblenden
⇧ + cmd ⌘ + E	Glossarsymbolleiste ein-/ausblenden
alt ⌥ + cmd ⌘ + R	Ausrichtung ändern
⇧ + cmd ⌘ + L	Layoutgrenzen ein-/ausblenden
⇧ + cmd ⌘ + I	Steuerzeichen ein-/ausblenden
alt ⌥ + cmd ⌘ + +	Zoomen (vergrößern)
alt ⌥ + cmd ⌘ + -	Zoomen (verkleinern)
alt ⌥ + cmd ⌘ + I	Informationen ein-/ausblenden
⇧ + cmd ⌘ + C	Farben ein-/ausblenden
ctrl + cmd ⌘ + F	Vollbild ein/aus
alt ⌥ + cmd ⌘ + T	Symbolleiste ein-/ausblenden

Fenster

cmd ⌘ + M	Im Dock ablegen

iMovie

iMovie ist eine Videoschnittsoftware, mit der man schnell und sogar äußerst exakt kleinere Videoclips bearbeiten und schneiden kann.

Grundfunktionen	
cmd ⌘ + ,	Einstellungen
alt ⌥ + cmd ⌘ + H	Andere ausblenden
cmd ⌘ + Q	iMovie beenden

Ablage	
cmd ⌘ + N	Neuer Film
⇧ + cmd ⌘ + N	Neuer Trailer
alt ⌥ + N	Neues Ereignis
cmd ⌘ + I	Medien importieren
cmd ⌘ + E	Film bereitstellen
⇧ + F	Im Ereignis zeigen
⇧ + cmd ⌘ + R	Im Finder zeigen
cmd ⌘ + ←	In Papierkorb

Bearbeiten	
cmd ⌘ + Z	Clips zum Ereignis hinzufügen widerrufen
⇧ + cmd ⌘ + Z	Wiederholen
cmd ⌘ + X	Ausschneiden
cmd ⌘ + C	Kopieren
cmd ⌘ + V	Einsetzen

Mediencenter

alt ⌥ + cmd ⌘ + V	Anpassungen einsetzen/Alle
alt ⌥ + cmd ⌘ + C	Anpassungen/Farbkorrektur
alt ⌥ + cmd ⌘ + R	Anpassungen/Beschneiden
alt ⌥ + cmd ⌘ + Z	Anpassungen/Stabilisierung
alt ⌥ + cmd ⌘ + T	Anpassungen/Rolling Shutter
alt ⌥ + cmd ⌘ + A	Anpassungen/Lautstärke
alt ⌥ + cmd ⌘ + L	Anpassungen/Videoeffekt
alt ⌥ + cmd ⌘ + O	Anpassungen/Audioeffekt
alt ⌥ + cmd ⌘ + S	Anpassungen/Geschwindigkeit
alt ⌥ + cmd ⌘ + U	Anpassungen/Einstellungen für Überlagerungen
alt ⌥ + cmd ⌘ + M	Anpassungen/Kartenstil
←	Löschen
alt ⌥ + ⇧ + ←	Keyframes löschen
cmd ⌘ + D	Duplizieren
cmd ⌘ + A	Alle auswählen
X	Gesamten Clip auswählen
⇧ + cmd ⌘ + A	Auswahl aufheben
E	Zum Film hinzufügen
Q	Verbinden
W	Einfügen
cmd ⌘ + T	Überblenden hinzufügen
cmd ⌘ + F	Suchen

Markieren

F	Favorit

←	Löschen
U	Keine Wertung
M	Neuer Marker
ctrl + ⇧ + M	Marker löschen

Ändern

⇧ + cmd ⌘ + E	Erweitern
alt ⌥ + F	Standbild hinzufügen
⇧ + cmd ⌘ + M	Clip stummschalten
alt ⌥ + Ü	Auf Auswahl trimmen
,	Clip-Ende trimmen/Nach links schieben
.	Clip-Ende trimmen/Nach rechts schieben
⇧ + ,	Clip-Ende trimmen/Weit nach links schieben
⇧ + .	Clip-Ende trimmen/Weit nach rechts schieben
cmd ⌘ + B	Clip teilen
⇧ + cmd ⌘ + B	Clips einbinden
alt ⌥ + cmd ⌘ + B	Audio trennen
alt ⌥ + ⇧ + R	Geschwindigkeit zurücksetzen

Darstellung

(Leertaste)	Wiedergeben
Ü	Auswahl wiedergeben
#	Wiedergabe ab Anfang
⇧ + cmd ⌘ + F	Auf gesamtem Bildschirm wiedergeben
cmd ⌘ + L	Endlosschleife

Mediencenter

ctrl + Y	Skimmer-Informationen einblenden
cmd ⌘ + +	Vergrößern
cmd ⌘ + -	Verkleinern
⇧ + Z	Alle Clips zoomen
N	Einrasten
⇧ + S	Audiomaterial überfliegen

Fenster

cmd ⌘ + M	Im Dock ablegen
F5	Zoomen
1	Zur Mediathek
2	Zum Theater
3	Anpassungsleiste ein-/ausblenden
⇧ + cmd ⌘ + 1	Mediatheken ein-/ausblenden
cmd ⌘ + 1	Inhaltsmediathek/Übergänge
cmd ⌘ + 2	Inhaltsmediathek/Titel
cmd ⌘ + 3	Inhaltsmediathek/Karten & Hintergründe
cmd ⌘ + 4	Inhaltsmediathek/iTunes
cmd ⌘ + 5	Inhaltsmediathek/Toneffekte
cmd ⌘ + 6	Inhaltsmediathek/GarageBand
cmd ⌘ + R	Clip-Trimmer
cmd ⌘ + Ü	Präzisionseditor
V	VoiceOver aufnehmen
cmd ⌘ + J	Filmeigenschaften
ctrl + cmd ⌘ + F	Vollbild ein

GarageBand

Achtung, hoher Suchtfaktor! Auf spielerische Art wird sogar aus einem musikalischen Laien ein digitaler Komponist.

Grundfunktionen

cmd ⌘ + ,	Einstellungen
cmd ⌘ + H	GarageBand ausblenden
alt ⌥ + cmd ⌘ + H	Andere ausblenden
cmd ⌘ + Q	GarageBand beenden

Ablage

cmd ⌘ + N	Neu
cmd ⌘ + O	Öffnen
cmd ⌘ + W	Schließen
cmd ⌘ + S	Sichern
⇧ + cmd ⌘ + S	Sichern unter
cmd ⌘ + P	Drucken
alt ⌥ + cmd ⌘ + O	Film öffnen
ctrl + ⇧ + O	Region to Apple Loops Library

Bearbeiten

cmd ⌘ + Z	Widerrufen
⇧ + cmd ⌘ + Z	Wiederholen
cmd ⌘ + X	Ausschneiden
cmd ⌘ + C	Kopieren
cmd ⌘ + V	Einsetzen
cmd ⌘ + A	Alle auswählen

Spur

alt ⌥ + cmd ⌘ + N	Neue Spuren
cmd ⌘ + D	Neue Spur (Einstellung duplizieren)
⇧ + ↩	Spur umbenennen
cmd ⌘ + ←	Spur löschen
⇧ + cmd ⌘ + A	Arrangementspur einblenden
⇧ + cmd ⌘ + O	Filmspur einblenden
⇧ + cmd ⌘ + X	Transpositionsspur einblenden
⇧ + cmd ⌘ + T	Tempospur einblenden
⇧ + cmd ⌘ + M	Masterspur einblenden

Mix

A	Automation einblenden
ctrl + ⇧ + cmd ⌘ + ←	Alle Automationsdaten der ausgewählten Spur löschen

Ansicht

B	Smart Controls einblenden
E	Editor einblenden
alt ⌥ + cmd ⌘ + P	Notiz einblenden
F	Medienübersicht einblenden

Fenster

cmd ⌘ + M	Im Dock ablegen
ctrl + ⇧ + cmd ⌘ + M	Alle zoomen
cmd ⌘ + K	Musiktastatur einblenden

DVD Player

Sobald eine DVD im Laufwerk liegt, meldet sich automatisch der DVD Player und macht den Mac zum vollwertigen DVD-Abspielgerät.

Grundfunktionen

cmd ⌘ + ,	Einstellungen
cmd ⌘ + H	DVD Player ausblenden
alt ⌥ + cmd ⌘ + H	Andere ausblenden
cmd ⌘ + Q	DVD Player beenden

Ablage

cmd ⌘ + O	DVD-Medien öffnen
⇧ + cmd ⌘ + W	Mediendatei schließen
cmd ⌘ + I	DVD-Informationen

Bearbeiten

cmd ⌘ + Z	Widerrufen
⇧ + cmd ⌘ + Z	Wiederholen
cmd ⌘ + X	Ausschneiden
cmd ⌘ + C	Kopieren
cmd ⌘ + V	Einsetzen
cmd ⌘ + A	Alles auswählen

Steuerung

	Wiedergabe
cmd ⌘ + .	Stopp

Mediencenter

alt ⌥ + ⇧ + →	Zeitlupe
⇧ + cmd ⌘ + →	Schneller Vorlauf
⇧ + cmd ⌘ + ←	Schneller Rücklauf
cmd ⌘ + ↑	Lauter
cmd ⌘ + ↓	Leiser
alt ⌥ + cmd ⌘ + ↓	Ton aus
cmd ⌘ + T	Timer setzen
alt ⌥ + cmd ⌘ + .	Timer abbrechen
cmd ⌘ + #	Neues Lesezeichen
cmd ⌘ + Ä	Steuerungsfach schließen
cmd ⌘ + E	DVD auswerfen

Funktionen

alt ⌥ + cmd ⌘ + T	Erweiterte Untertitel einschalten

Gehe zu

cmd ⌘ + D	DVD-Menü
⇧ + cmd ⌘ + D	Anfang der DVD
←	Vorheriges Kapitel
→	Nächstes Kapitel
alt ⌥ + cmd ⌘ + ←	5 Sekunden zurückspringen
alt ⌥ + cmd ⌘ + →	5 Sekunden vorspringen

Darstellung

cmd ⌘ + 0	Halbe Größe
cmd ⌘ + 1	Originalgröße

cmd ⌘ + 2	Doppelte Größe
cmd ⌘ + 3	An Bildschirm anpassen
ctrl + cmd ⌘ + F	Vollbild ein

Fenster	
cmd ⌘ + W	DVD Player schließen
cmd ⌘ + M	Im Dock ablegen
alt ⌥ + cmd ⌘ + C	Steuerung ausblenden
cmd ⌘ + B	Kapitel
cmd ⌘ + K	Videozoom

QuickTime Player

Der QuickTime Player spielt zahlreiche Video-, Audio- und Bildformate ab. Nicht nur lokal, sondern auch Formate aus dem Web.

Grundfunktionen	
cmd ⌘ + H	QuickTime Player ausblenden
alt ⌥ + cmd ⌘ + H	Andere ausblenden
cmd ⌘ + Q	QuickTime Player beenden

Ablage	
alt ⌥ + cmd ⌘ + N	Neue Videoaufnahme
ctrl + alt ⌥ + cmd ⌘ + N	Neue Audioaufnahme
ctrl + cmd ⌘ + N	Neue Bildschirmaufnahme

Mediencenter

cmd ⌘ + O	Datei öffnen
cmd ⌘ + L	Adresse öffnen
cmd ⌘ + W	Schließen
cmd ⌘ + S	Sichern
⇧ + cmd ⌘ + S	Duplizieren

Bearbeiten

cmd ⌘ + Z	Widerrufen
⇧ + cmd ⌘ + Z	Wiederholen
cmd ⌘ + X	Ausschneiden
cmd ⌘ + C	Kopieren
cmd ⌘ + V	Einsetzen
cmd ⌘ + A	Alles auswählen
⇧ + cmd ⌘ + L	Nach links drehen
⇧ + cmd ⌘ + R	Nach rechts drehen
⇧ + cmd ⌘ + H	Horizontal spiegeln
⇧ + cmd ⌘ + V	Vertikal spiegeln
cmd ⌘ + Y	Clip teilen
cmd ⌘ + T	Trimmen

Darstellung

ctrl + cmd ⌘ + F	Vollbildmodus ein
cmd ⌘ + 1	Originalgröße
cmd ⌘ + 3	An Bildschirm anpassen
cmd ⌘ + 4	Bildschirmfüllend

cmd ⌘ + 5	Panorama
cmd ⌘ + +	Vergrößern
cmd ⌘ + -	Verkleinern
⇧ + cmd ⌘ + →	Nächstes Kapitel
⇧ + cmd ⌘ + ←	Vorheriges Kapitel
cmd ⌘ + E	Clips einblenden
cmd ⌘ + U	Audiospur einblenden
ctrl + cmd ⌘ + L	Endlosschleife

Fenster	
cmd ⌘ + M	Im Dock ablegen
cmd ⌘ + I	Filminformationen einblenden
alt ⌥ + cmd ⌘ + P	Exportstatus einblenden

Vorschau

Vorschau kann mehr als nur PDF-Dokumente und Bilder öffnen. So kann man einfache Bildbearbeitungen durchführen, mehrere PDF-Dateien zu einem Dokument zusammenfügen und noch einiges mehr.

Grundfunktionen	
cmd ⌘ + ,	Einstellungen
cmd ⌘ + H	Vorschau ausblenden
⇧ + cmd ⌘ + H	Andere ausblenden
cmd ⌘ + Q	Vorschau beenden

Ablage	
cmd ⌘ + N	Neu aus der Zwischenablage
cmd ⌘ + O	Öffnen
cmd ⌘ + W	Fenster schließen
⇧ + cmd ⌘ + W	Ausgewähltes PDF-Dokument schließen
cmd ⌘ + S	Sichern
⇧ + cmd ⌘ + S	Duplizieren
cmd ⌘ + P	Drucken

Bearbeiten	
cmd ⌘ + Z	Widerrufen
⇧ + cmd ⌘ + Z	Wiederholen
cmd ⌘ + X	Ausschneiden
cmd ⌘ + C	Kopieren
cmd ⌘ + V	Einsetzen
cmd ⌘ + A	Alles auswählen
⇧ + cmd ⌘ + I	Auswahl umkehren
cmd ⌘ + ←	In den Papierkorb
cmd ⌘ + F	Suchen
cmd ⌘ + G	Weitersuchen (vorwärts)
⇧ + cmd ⌘ + G	Weitersuchen (rückwärts)
cmd ⌘ + E	Auswahl suchen
cmd ⌘ + J	Auswahl anzeigen

Darstellung

alt ⌥ + cmd ⌘ + 1	Nur Inhalt
alt ⌥ + cmd ⌘ + 2	Miniaturen
alt ⌥ + cmd ⌘ + 3	Inhaltsverzeichnis
alt ⌥ + cmd ⌘ + 4	Hervorhebungen und Notizen
alt ⌥ + cmd ⌘ + 5	Lesezeichen
alt ⌥ + cmd ⌘ + 6	Kontaktbogen
cmd ⌘ + 1	Kontinuierlich scrollen
cmd ⌘ + 2	Einzelseiten
cmd ⌘ + 3	Doppelseiten
alt ⌥ + cmd ⌘ + B	Dokumenthintergrund anzeigen
cmd ⌘ + 0	Originalgröße
cmd ⌘ + 9	Größe an Fenster anpassen
cmd ⌘ + +	Vergrößern
cmd ⌘ + -	Verkleinern
cmd ⌘ + *	Auswahl zoomen
alt ⌥ + cmd ⌘ + ←	Seitenleiste/Alle reduzieren
alt ⌥ + cmd ⌘ + →	Seitenleiste/Alle erweitern
⇧ + cmd ⌘ + A	Werkzeugleiste ein-/ausblenden
alt ⌥ + cmd ⌘ + T	Symbolleiste ein-/ausblenden
⇧ + cmd ⌘ + F	Diashow
ctrl + cmd ⌘ + F	Vollbild ein

Gehe zu

alt ⌥ + ↑	Vorheriges Objekt

Mediencenter

alt ⌥ + ↓	Nächstes Objekt
alt ⌥ + cmd ⌘ + G	Gehe zu Seite
cmd ⌘ + Ö	Zurück
cmd ⌘ + Ä	Vorwärts

Werkzeuge

cmd ⌘ + I	Informationen einblenden
cmd ⌘ + T	Schriften einblenden
<	Lupe einblenden
alt ⌥ + cmd ⌘ + C	Farbkorrektur
ctrl + cmd ⌘ + H	Anmerken/Text hervorheben
ctrl + cmd ⌘ + U	Anmerken/Text unterstreichen
ctrl + cmd ⌘ + S	Anmerken/Text durchstreichen
ctrl + cmd ⌘ + R	Anmerken/Rechteck
ctrl + cmd ⌘ + O	Anmerken/Oval
ctrl + cmd ⌘ + I	Anmerken/Linie
ctrl + cmd ⌘ + T	Anmerken/Text
ctrl + cmd ⌘ + N	Anmerken/Notiz
cmd ⌘ + D	Lesezeichen hinzufügen
cmd ⌘ + L	Links drehen
cmd ⌘ + R	Rechts drehen
cmd ⌘ + K	Beschneiden

Fenster

cmd ⌘ + M	Im Dock ablegen

Fotoworkflow

Hier finden Sie alle wichtigen Tastenkürzel, die Sie für Ihren Fotoworkflow auf einem Mac brauchen. Als besondere Zugabe finden Sie auch alle Tastenkürzel für Apple Aperture 3.5x, einen der besten RAW-Konverter auf dem Markt.

Digitale Bilder

Diese App überträgt Fotos von einer Digitalkamera oder einem Scanner auf den angeschlossenen Mac.

Grundfunktionen	
cmd ⌘ + H	Digitale Bilder ausblenden
alt ⌥ + cmd ⌘ + H	Andere ausblenden
cmd ⌘ + Q	Digitale Bilder beenden

Ablage	
cmd ⌘ + W	Schließen

Bearbeiten	
cmd ⌘ + Z	Widerrufen
⇧ + cmd ⌘ + Z	Wiederholen
cmd ⌘ + X	Ausschneiden
cmd ⌘ + C	Kopieren
cmd ⌘ + V	Einsetzen

cmd ⌘ + A	Alles auswählen

Fenster

cmd ⌘ + M	Im Dock ablegen
alt ⌥ + cmd ⌘ + L	Scan-Ergebnisse

Photo Booth

Photo Booth nutzt die in iMac und MacBook integrierte Kamera und schießt nette Selfies, die man als Profilbilder bei Facebook und Co. nutzen kann.

Grundfunktionen

cmd ⌘ + H	Photo Booth ausblenden
alt ⌥ + cmd ⌘ + H	Andere ausblenden
cmd ⌘ + Q	Photo Booth beenden

Ablage

cmd ⌘ + ↩	Foto aufnehmen
cmd ⌘ + P	Drucken

Bearbeiten

cmd ⌘ + Z	Widerrufen
⇧ + cmd ⌘ + Z	Wiederholen
cmd ⌘ + X	Ausschneiden
cmd ⌘ + C	Kopieren

cmd ⌘ + V	Einsetzen
cmd ⌘ + ←	Löschen
cmd ⌘ + A	Alles auswählen
cmd ⌘ + T	Film trimmen
cmd ⌘ + F	Foto spiegeln
⇧ + cmd ⌘ + F	Neue Objekte automatisch spiegeln

Darstellung	
cmd ⌘ + 1	Foto einblenden
cmd ⌘ + 2	Effekte einblenden
cmd ⌘ + 3	Letzten Effekt anzeigen
cmd ⌘ + →	Nächste Seite mit Effekten
cmd ⌘ + ←	Vorherige Seite mit Effekten
⇧ + cmd ⌘ + R	Effekt zurücksetzen
ctrl + cmd ⌘ + F	Vollbild ein/aus

Fenster	
cmd ⌘ + W	Schließen
cmd ⌘ + M	Im Dock ablegen

iPhoto

iPhoto ist die ideale Bildverwaltung inklusive Verschlagwortung und Bildbearbeitungsfunktionen. So geht garantiert kein Foto mehr verloren.

Grundfunktionen

cmd ⌘ + ,	Einstellungen
⇧ + cmd ⌘ + ←	iPhoto-Papierkorb leeren
cmd ⌘ + H	iPhoto ausblenden
alt ⌥ + cmd ⌘ + H	Andere ausblenden
cmd ⌘ + Q	iPhoto beenden

Ablage

cmd ⌘ + N	Neues Album
alt ⌥ + cmd ⌘ + N	Neues intelligentes Album
alt ⌥ + ⇧ + cmd ⌘ + N	Neuer Ordner
⇧ + cmd ⌘ + I	In die Mediathek importieren
⇧ + cmd ⌘ + E	Exportieren
cmd ⌘ + W	Schließen
cmd ⌘ + P	Drucken

Bearbeiten

cmd ⌘ + Z	Widerrufen
⇧ + cmd ⌘ + Z	Wiederholen
cmd ⌘ + X	Ausschneiden
cmd ⌘ + C	Kopieren
cmd ⌘ + V	Einsetzen
cmd ⌘ + A	Alles auswählen
⇧ + cmd ⌘ + A	Auswahl aufheben

alt ⌥ + cmd ⌘ + C	Anpassungen kopieren
alt ⌥ + cmd ⌘ + V	Anpassungen einsetzen
cmd ⌘ + F	Suchen
cmd ⌘ + T	Schriften einblenden
cmd ⌘ + B	Schrift fett
cmd ⌘ + U	Schrift unterstrichen
cmd ⌘ + +	Schrift größer
cmd ⌘ + -	Schrift kleiner
alt ⌥ + cmd ⌘ + [	Unterschneidungen (stärker)
alt ⌥ + cmd ⌘ +]	Unterschneidungen (geringer)
⇧ + cmd ⌘ + C	Farben einblenden
cmd ⌘ + :	Rechtschreibung und Grammatik einblenden
cmd ⌘ + ;	Rechtschreibprüfung durchführen

Fotos

⇧ + cmd ⌘ + B	Stapeländerung
alt ⌥ + cmd ⌘ + R	Im Uhrzeigersinn drehen
cmd ⌘ + R	Gegen den Uhrzeigersinn drehen
cmd ⌘ + 0	Meine Wertung (ohne)
cmd ⌘ + 1	Meine Wertung (1 Stern)
cmd ⌘ + 2	Meine Wertung (2 Sterne)
cmd ⌘ + 3	Meine Wertung (3 Sterne)
cmd ⌘ + 4	Meine Wertung (4 Sterne)
cmd ⌘ + 5	Meine Wertung (5 Sterne)

0 oder 1 oder 2 oder 3	Miniaturansicht vergrößern von 0 bis 3
cmd ⌘ + E	Foto bearbeiten
cmd ⌘ + .	Foto markieren
cmd ⌘ + L	Foto ausblenden
cmd ⌘ + D	Duplizieren
cmd ⌘ + ←	In den Papierkorb legen

Darstellung

⇧ + cmd ⌘ + T	Titel
⇧ + cmd ⌘ + R	Wertungen
⇧ + cmd ⌘ + K	Schlagwörter
⇧ + cmd ⌘ + F	Ereignistitel
⇧ + cmd ⌘ + H	Ausgeblendete Fotos
cmd ⌘ + I	Infos
alt ⌥ + S	Projekteinstellungen
alt ⌥ + L	Layoutoptionen
alt ⌥ + D	Designoptionen
alt ⌥ + P	Fotobereich
ctrl + cmd ⌘ + F	Vollbild ein

Fenster

cmd ⌘ + M	Im Dock ablegen
cmd ⌘ + K	Meine Schlagwörter verwalten

Aperture

Aperture ist nicht wie iPhoto Bestandteil von Mac OS X, sondern muss als App im Mac App Store zugekauft werden. Für einen moderaten Preis von 69,99 Euro bekommen Sie eine in allen Belangen herausragende Software für den professionellen Fotoworkflow.

Grundfunktionen	
cmd ⌘ + ,	Einstellungen
⇧ + cmd ⌘ + ←	Aperture-Papierkorb leeren
cmd ⌘ + H	Aperture ausblenden
alt ⌥ + cmd ⌘ + H	Andere ausblenden
cmd ⌘ + Q	Aperture beenden

Ablage	
⇧ + cmd ⌘ + N	Neues Projekt
alt ⌥ + ⇧ + cmd ⌘ + N	Neuer Ordner
cmd ⌘ + N	Neues Album
alt ⌥ + cmd ⌘ + N	Neues intelligentes Album
cmd ⌘ + ←	Projekt/Arbeitskopie löschen
cmd ⌘ + W	Fenster schließen
⇧ + cmd ⌘ + I	Dateien importieren
⇧ + cmd ⌘ + E	Arbeitskopie exportieren
⇧ + cmd ⌘ + S	Original exportieren
alt ⌥ + E	Als E-Mail bereitstellen
⇧ + S	Diashow wiedergeben
cmd ⌘ + P	Abzug drucken

Bearbeiten	
cmd ⌘ + Z	Widerrufen
⇧ + cmd ⌘ + Z	Wiederholen
cmd ⌘ + X	Ausschneiden
cmd ⌘ + C	Kopieren
cmd ⌘ + V	Einsetzen
cmd ⌘ + A	Alles auswählen
⇧ + cmd ⌘ + A	Auswahl aufheben
⇧ + E	Auswahl reduzieren
⇧ + ↖ oder ⇧ + fn + ←	Bis Anfang auswählen
⇧ + ↘ oder ⇧ + fn + →	Bis Ende auswählen
↩	Vergleichsobjekt einstellen
cmd ⌘ + ↩	Vergleichsobjekt entfernen
alt ⌥ + ↩	Vergleichsobjekt auswählen
cmd ⌘ + F	Suchen
⇧ + cmd ⌘ + Ö	Rechtschreibung und Grammatik einblenden
cmd ⌘ + Ö	Rechtschreibprüfung durchführen
cmd ⌘ + T	Schriften einblenden

Fotos	
alt ⌥ + cmd ⌘ + I	Foto-Informationen einblenden
alt ⌥ + cmd ⌘ + R	Im Uhrzeigersinn drehen
cmd ⌘ + R	Gegen den Uhrzeigersinn drehen
ctrl + C	Farbe anpassen

ctrl + H	Glanzlichter & Schatten anpassen
ctrl + S	Kanten scharfzeichnen
ctrl + M	Schwarz-Weiß-Anpassung
ctrl + N	Störungen reduzieren
ctrl + V	Vignette hinzufügen
⇧ + cmd ⌘ + O	Bearbeiten mit „externer Software"
←	Aus Album entfernen
cmd ⌘ + D	Arbeitskopie duplizieren
alt ⌥ + G	Neue Arbeitskopie vom Original

Stapel

alt ⌥ + ⇧ + cmd ⌘ + K	Stapeln
⇧ + cmd ⌘ + K	Stapel auflösen
alt ⌥ + K	Stapel teilen
alt ⌥ + ⇧ + K	Objekt extrahieren
alt ⌥ + cmd ⌘ + A	Automatisch stapeln
cmd ⌘ + #	Auswählen
⇧ + cmd ⌘ + #	Albummarkierung hinzufügen
cmd ⌘ + ß	Nach vorne
cmd ⌘ + Ü	Nach hinten
⇧ + cmd ⌘ + E	Alle Objekte im Stapel auswählen
cmd ⌘ + #	Auswählen
alt ⌥ + ⇞	Vorheriger Stapel
alt ⌥ + ⇟	Nächster Stapel

Fotoworkflow

⇧ + K	Stapel öffnen/schließen
alt ⌥ + Ä	Alle Stapel öffnen
alt ⌥ + Ö	Alle Stapel schließen

Metadaten

cmd ⌘ + 5	Wertung 5 Sterne
cmd ⌘ + 4	Wertung 4 Sterne
cmd ⌘ + 3	Wertung 3 Sterne
cmd ⌘ + 2	Wertung 2 Sterne
cmd ⌘ + 1	Wertung 1 Stern
cmd ⌘ + 0	Ohne Wertung
9	Bild abgelehnt
F10	Wertung erhöhen
-	Wertung verringern
/	Markieren
alt ⌥ + 1	Schlagwort hinzufügen „Aktion"
alt ⌥ + 2	Schlagwort hinzufügen „Hochformat"
alt ⌥ + 3	Schlagwort hinzufügen „Querformat"
alt ⌥ + 4	Schlagwort hinzufügen „Im Haus"
alt ⌥ + 5	Schlagwort hinzufügen „Im Freien"
alt ⌥ + 6	Schlagwort hinzufügen „Nahaufnahme"
alt ⌥ + 7	Schlagwort hinzufügen „Gesichter"
alt ⌥ + 8	Schlagwort hinzufügen „Ganzkörper"
alt ⌥ + ⇧ + 1	Schlagwort entfernen „Aktion"
alt ⌥ + ⇧ + 2	Schlagwort entfernen „Hochformat"

alt ⌥ + ⇧ + 3	Schlagwort entfernen „Querformat"
alt ⌥ + ⇧ + 4	Schlagwort entfernen „Im Haus"
alt ⌥ + ⇧ + 5	Schlagwort entfernen „Im Freien"
alt ⌥ + ⇧ + 6	Schlagwort entfernen „Nahaufnahme"
alt ⌥ + ⇧ + 7	Schlagwort entfernen „Gesichter"
alt ⌥ + ⇧ + 8	Schlagwort entfernen „Ganzkörper"
alt ⌥ + ⇧ + 9	Alle Schlagwörter entfernen
alt ⌥ + <	Neues Schlagwort
N	Namen zuordnen
⇧ + cmd ⌘ + B	Stapel ändern
⇧ + cmd ⌘ + C	Metadaten & Anpassungen extrahieren
⇧ + cmd ⌘ + V	Hinzufügen

Darstellung

V	Darstellungsmodus wechseln
⇧ + F	Gesichter
⇧ + P	Orte
⇧ + cmd ⌘ + F	Bildschirmfüllend
alt ⌥ + U	Haupt-Viewer - Modus „Multi"
alt ⌥ + R	Haupt-Viewer - Modus „Einzelansicht"
alt ⌥ + H	Haupt-Viewer - Drei oben
alt ⌥ + O	Haupt-Viewer - Vergleichen
alt ⌥ + T	Haupt-Viewer - Stapeln
alt ⌥ + M	Zweiter Viewer - Synchronisieren
alt ⌥ + A	Zweiter Viewer - Einzelansicht

alt ⌥ + S	Zweiter Viewer – Aufteilen
alt ⌥ + B	Zweiter Viewer – Schwarz
alt ⌥ + X	Zweiter Viewer – Aus
alt ⌥ + W	Position vertauschen
⇧ + W	Position drehen
ctrl + F	Filmstreifen
ctrl + G	Raster
ctrl + L	Liste
ctrl + P	Mediathek
cmd ⌘ + I	Info
cmd ⌘ + E	Anpassungen
W	Nächster Titel
1	Originalgröße
cmd ⌘ + +	Vergrößern
cmd ⌘ + -	Verkleinern
P	Schnelle Vorschau
M	Originalbild anzeigen
alt ⌥ + F	Fokussierungspunkte ein-/ausblenden
alt ⌥ + ⇧ + H	Über- und unterbelichtete Bereiche hervorheben
<	Lupe ein-/ausblenden
⇧ + cmd ⌘ + <	Zentrierte Lupe verwenden
alt ⌥ + ⇧ + <	Farbwert in Lupe anzeigen
⇧ + cmd ⌘ + +	Zoomstufe der Lupe erhöhen
⇧ + cmd ⌘ + -	Zoomstufe der Lupe verringern

alt ⌥ + ⇧ + +	Durchmesser der Lupe vergrößern
alt ⌥ + ⇧ + -	Durchmesser der Lupe verkleinern
Y	Metadaten im Viewer einblenden
⇧ + Y	Im Viewer zur erweiterten Metadatenansicht wechseln
⇧ + cmd ⌘ + R	Metadaten im Browser einblenden
⇧ + U	Im Browser zur Standarddarstellung bzw. zur erweiterten Ansicht wechseln
ctrl + T	Bildinformationen einblenden
⇧ + G	Leuchttisch
cmd ⌘ + J	Anpassen
⇧ + T	Symbolleiste ausblenden
alt ⌥ + ⇧ + P	Auf Bildschirm überprüfen

Fenster

cmd ⌘ + M	Im Dock ablegen
H	Schwebepalette *Informationen* einblenden
cmd ⌘ + K	Schwebepalette *Schlagwörter* einblenden
⇧ + I	Schwebepalette *Projektinformationen* einblenden
I	Informationen ausblenden
cmd ⌘ + R	Sicherungskopien einblenden
D	Kontrollleiste einblenden
⇧ + D	Schlagwörter einblenden
⇧ + cmd ⌘ + 0	Aktivität einblenden

Organisieren

Mac OS X beinhaltet eine Vielzahl an Programmen, mit denen Sie sowohl Ihren privaten als auch den beruflichen Alltag perfekt organisieren können. Los geht's mit dem Mail-Client.

Mail

Mail ist der Purist unter den E-Mail-Cients, hat aber alles, was man zum Nachrichtenaustausch braucht.

Grundfunktionen	
cmd ⌘ + ,	Einstellungen
cmd ⌘ + H	Mail ausblenden
alt ⌥ + cmd ⌘ + H	Andere ausblenden
cmd ⌘ + Q	Mail beenden

Ablage	
cmd ⌘ + N	Neue E-Mail
alt ⌥ + cmd ⌘ + N	Neues Fenster
cmd ⌘ + O	E-Mail öffnen
cmd ⌘ + W	E-Mail schließen
alt ⌥ + cmd ⌘ + W	Alle Fenster schließen
cmd ⌘ + S	Sichern
⇧ + cmd ⌘ + S	Sichern unter
⇧ + cmd ⌘ + A	Anhänge hinzufügen

cmd ⌘ + Y	Übersicht der Anhänge
cmd ⌘ + P	Drucken

Bearbeiten

cmd ⌘ + Z	Widerrufen
⇧ + cmd ⌘ + Z	Wiederholen
cmd ⌘ + X	Ausschneiden
cmd ⌘ + C	Kopieren
cmd ⌘ + V	Einsetzen
cmd ⌘ + ←	Löschen
cmd ⌘ + A	Alles auswählen
⇧ + cmd ⌘ + V	Als Zitat einsetzen
alt ⌥ + ⇧ + cmd ⌘ + V	Einsetzen und Stil anpassen
alt ⌥ + cmd ⌘ + I	Ausgewählte E-Mails anhängen
cmd ⌘ + K	Link hinzufügen
alt ⌥ + cmd ⌘ + F	Postfach durchsuchen
cmd ⌘ + F	Suchen
cmd ⌘ + G	Weitersuchen (vorwärts)
⇧ + cmd ⌘ + G	Weitersuchen (rückwärts)
cmd ⌘ + E	Auswahl suchen
cmd ⌘ + J	Auswahl anzeigen
cmd ⌘ + :	Rechtschreibung und Grammatik einblenden
cmd ⌘ + ;	Dokument jetzt auf Rechtschreibung und Grammatik prüfen
fn, fn	Diktat starten

Organisieren

Darstellung

alt ⌥ + cmd ⌘ + B	Adressfeld *Blindkopie*
alt ⌥ + cmd ⌘ + R	Adressfeld *Antwort an*
alt ⌥ + cmd ⌘ + U	Reine Datei
⇧ + cmd ⌘ + H	Alle Header
⇧ + cmd ⌘ + K	Alle E-Mails aus dieser Konversation auswählen
⇧ + cmd ⌘ + M	Postfachliste ausblenden
cmd ⌘ + L	Gelöschte E-Mails einblenden
alt ⌥ + ⇧ + cmd ⌘ + H	Favoritenliste ausblenden
ctrl + cmd ⌘ + F	Vollbild ein

Postfach

⇧ + cmd ⌘ + N	Alle neuen E-Mails empfangen
alt ⌥ + cmd ⌘ + J	Unerwünschte Werbung löschen
⇧ + cmd ⌘ + ←	Objekte in allen Accounts endgültig löschen
cmd ⌘ + 1	Favoriten-Postfach öffnen: Eingang
cmd ⌘ + 2	Favoriten-Postfach öffnen: VIPs
cmd ⌘ + 3	Favoriten-Postfach öffnen: Gesendet
cmd ⌘ + 4	Favoriten-Postfach öffnen: Markiert
cmd ⌘ + 5	Favoriten-Postfach öffnen: Entwürfe
ctrl + cmd ⌘ + 1	In Favoriten-Postfach bewegen: Eingang
ctrl + cmd ⌘ + 2	In Favoriten-Postfach bewegen: VIPs
ctrl + cmd ⌘ + 3	In Favoriten-Postfach bewegen: Gesendet
ctrl + cmd ⌘ + 4	In Favoriten-Postfach bewegen: Markiert
ctrl + cmd ⌘ + 5	In Favoriten-Postfach bewegen: Entwürfe

E-Mail

⇧ + cmd ⌘ + D	Erneut senden
cmd ⌘ + R	Antworten
⇧ + cmd ⌘ + R	An alle
⇧ + cmd ⌘ + F	Weiterleiten
⇧ + cmd ⌘ + E	Umleiten
⇧ + cmd ⌘ + U	Als ungelesen markieren
⇧ + cmd ⌘ + J	Als unerwünschte Werbung markieren
ctrl + cmd ⌘ + A	Archivieren
alt ⌥ + cmd ⌘ + T	Ebenfalls bewegen
alt ⌥ + cmd ⌘ + L	Regeln anwenden

Format

cmd ⌘ + T	Schriften einblenden
cmd ⌘ + B	Schrift fett
cmd ⌘ + I	Schrift kursiv
cmd ⌘ + U	Schrift unterstrichen
cmd ⌘ + +	Schrift größer
cmd ⌘ + -	Schrift kleiner
⇧ + cmd ⌘ + C	Farben einblenden
alt ⌥ + cmd ⌘ + C	Stil kopieren
alt ⌥ + cmd ⌘ + V	Stil einsetzen
⇧ + cmd ⌘ + T	In formatierten Text umwandeln
cmd ⌘ + Ö	Text linksbündig
cmd ⌘ + Ü	Text zentriert

Organisieren

cmd ⌘ + Ä	Text rechtsbündig
alt ⌥ + cmd ⌘ + Ä	Einrückung erhöhen
alt ⌥ + cmd ⌘ + Ö	Einrückung verringern

Fenster

cmd ⌘ + M	Im Dock ablegen
cmd ⌘ + O	Hauptfenster
alt ⌥ + cmd ⌘ + A	Adressen
alt ⌥ + cmd ⌘ + O	Aktivität

Kontakte

Natürlich darf auch ein digitales Adressbuch nicht fehlen. Das Adressbuch ist vorinstalliert und eng mit dem Mail-Client verzahnt.

Grundfunktionen

cmd ⌘ + ,	Einstellungen
cmd ⌘ + H	Kontakte ausblenden
alt ⌥ + cmd ⌘ + H	Andere ausblenden
cmd ⌘ + Q	Kontakte beenden

Ablage

cmd ⌘ + N	Neue Visitenkarte
⇧ + cmd ⌘ + N	Neue Gruppe
alt ⌥ + cmd ⌘ + N	Neue intelligente Gruppe

cmd ⌘ + W	Schließen
cmd ⌘ + S	Sichern
cmd ⌘ + O	Importieren
cmd ⌘ + P	Drucken

Bearbeiten

⇧ + cmd ⌘ + Z	Widerrufen
⇧ + cmd ⌘ + Z	Wiederholen
cmd ⌘ + X	Ausschneiden
cmd ⌘ + C	Kopieren
cmd ⌘ + V	Einsetzen
cmd ⌘ + A	Alles auswählen
cmd ⌘ + L	Visitenkarte bearbeiten

Darstellung

cmd ⌘ + 1	Gruppen ausblenden
alt ⌥ + cmd ⌘ + L	Letzten Import einblenden

Visitenkarte

⇧ + cmd ⌘ + Ä	Zur nächsten Visitenkarte
⇧ + cmd ⌘ + Ö	Zur vorherigen Visitenkarte
⇧ + cmd ⌘ + Ü	Ausgewählte Visitenkarten zusammenführen
cmd ⌘ + Ü	Als Firma kennzeichnen
alt ⌥ + cmd ⌘ + I	Eigenes Bild auswählen
cmd ⌘ + I	In eigenem Fenster öffnen

Fenster	
cmd ⌘ + M	Im Dock ablegen
cmd ⌘ + O	Kontakte

Kalender

iCal ist der Kalender für den perfekten Abgleich aller Ihrer privaten und dienstlichen Termine. Lokal oder in der iCloud.

Grundfunktionen	
cmd ⌘ + ,	Einstellungen
cmd ⌘ + H	Kalender ausblenden
alt ⌥ + cmd ⌘ + H	Andere ausblenden
cmd ⌘ + Q	Kalender beenden

Ablage	
cmd ⌘ + N	Neues Ereignis
alt ⌥ + cmd ⌘ + S	Neues Kalenderabonnement
cmd ⌘ + W	Schließen
cmd ⌘ + P	Drucken

Bearbeiten	
cmd ⌘ + Z	Widerrufen
⇧ + cmd ⌘ + Z	Wiederholen
cmd ⌘ + X	Ausschneiden
cmd ⌘ + C	Kopieren

cmd ⌘ + V	Einsetzen
cmd ⌘ + A	Alle auswählen
cmd ⌘ + D	Duplizieren
cmd ⌘ + E	Ereignis bearbeiten
cmd ⌘ + I	Informationen
alt ⌥ + cmd ⌘ + I	Informationen einblenden
cmd ⌘ + F	Suchen
cmd ⌘ + :	Rechtschreibung und Grammatik einblenden
cmd ⌘ + ;	Dokument jetzt prüfen

Erinnerungen

Erinnerungen ist eine einfache und überaus praktische To-do-Liste, deren Einträge man z. B. mit dem iCloud-Notizbuch verknüpfen kann. So werden alle Einträge mit iPhone, iPad und Mac synchronisiert.

Grundfunktionen	
cmd ⌘ + H	Erinnerungen ausblenden
alt ⌥ + cmd ⌘ + H	Andere ausblenden
cmd ⌘ + Q	Erinnerungen beenden

Ablage	
cmd ⌘ + N	Neue Erinnerung
cmd ⌘ + L	Neue Liste
cmd ⌘ + W	Schließen

Bearbeiten

cmd ⌘ + Z	Widerrufen
⇧ + cmd ⌘ + Z	Wiederholen
cmd ⌘ + X	Ausschneiden
cmd ⌘ + C	Kopieren
cmd ⌘ + V	Einsetzen
cmd ⌘ + A	Alle auswählen
cmd ⌘ + F	Suchen
cmd ⌘ + :	Rechtschreibung und Grammatik einblenden
cmd ⌘ + ;	Dokument jetzt prüfen
cmd ⌘ + G	Intelligente Anführungszeichen
⇧ + cmd ⌘ + G	Intelligente Links
fn, fn	Diktat starten

Darstellung

cmd ⌘ + T	Heute anzeigen
alt ⌥ + cmd ⌘ + S	Seitenleiste ein-/ausblenden
alt ⌥ + cmd ⌘ + K	Kalender ein-/ausblenden

Fenster

cmd ⌘ + M	Im Dock ablegen
cmd ⌘ + '	Nächstes Fenster
cmd ⌘ + O	Erinnerungen
cmd ⌘ + ↩	In neuem Fenster öffnen

Nachrichten

Nachrichten ist ein auf die Apple-Welt zugeschnittener Messaging-Client.

Grundfunktionen

cmd ⌘ + ,	Einstellungen
cmd ⌘ + L	Anmelden
alt ⌥ + cmd ⌘ + I	Mein Profil ändern
cmd ⌘ + H	Nachrichten ausblenden
alt ⌥ + cmd ⌘ + H	Andere ausblenden
cmd ⌘ + Q	Nachrichten beenden

Ablage

cmd ⌘ + N	Neue Nachricht
cmd ⌘ + O	Öffnen
cmd ⌘ + R	Chatraum betreten
cmd ⌘ + W	Fenster schließen
cmd ⌘ + ←	Konversation schließen
cmd ⌘ + P	Drucken

Bearbeiten

cmd ⌘ + Z	Widerrufen
⇧ + cmd ⌘ + Z	Wiederholen
cmd ⌘ + X	Ausschneiden
cmd ⌘ + C	Kopieren

Organisieren

cmd ⌘ + V	Einsetzen
alt ⌥ + ⇧ + cmd ⌘ + V	Einsetzen und Stil anpassen
←	Löschen
cmd ⌘ + A	Alles auswählen
alt ⌥ + cmd ⌘ + C	Stil kopieren
alt ⌥ + cmd ⌘ + V	Stil einsetzen
cmd ⌘ + K	Link hinzufügen
⇧ + cmd ⌘ + K	Protokoll markieren
alt ⌥ + cmd ⌘ + K	Protokoll löschen

Notizen

Vielseitige Notizzettel im Post-it-Stil. Es können Bilder eingefügt und Texte formatiert werden. Zudem können Notizen auch an eine Textverarbeitung übergeben werden.

Grundfunktionen	
cmd ⌘ + H	Notizen ausblenden
alt ⌥ + cmd ⌘ + H	Andere ausblenden
cmd ⌘ + Q	Notizen beenden

Ablage	
cmd ⌘ + N	Neue Notiz
⇧ + cmd ⌘ + N	Neuer Ordner
cmd ⌘ + W	Schließen
cmd ⌘ + P	Drucken

Bearbeiten	
cmd ⌘ + Z	Widerrufen
⇧ + cmd ⌘ + Z	Wiederholen
cmd ⌘ + X	Ausschneiden
cmd ⌘ + C	Kopieren
cmd ⌘ + V	Einsetzen
alt ⌥ + ⇧ + cmd ⌘ + V	Einsetzen und Stil anpassen
←	Löschen
cmd ⌘ + A	Alle auswählen

Format	
cmd ⌘ + T	Schriften einblenden
cmd ⌘ + B	Schrift fett
cmd ⌘ + I	Schrift kursiv
cmd ⌘ + U	Schrift unterstrichen
cmd ⌘ + +	Schrift größer
cmd ⌘ + -	Schrift kleiner
⇧ + cmd ⌘ + C	Farben einblenden
alt ⌥ + cmd ⌘ + C	Stil kopieren
alt ⌥ + cmd ⌘ + V	Stil einsetzen
cmd ⌘ + {	Text linksbündig
cmd ⌘ + |	Text zentriert
cmd ⌘ + }	Text rechtsbündig
cmd ⌘ + [	Einrückung erhöhen
cmd ⌘ +]	Einrückung verringern

Darstellung	
ctrl + cmd ⌘ + F	Vollbild ein

Fenster	
cmd ⌘ + M	Im Dock ablegen
cmd ⌘ + O	Notizen

FaceTime

Befindet man sich in einem WLAN, kann man mit FaceTime vom Mac, iPhone, iPad oder auch iPod touch aus Videotelefonate mit anderen Apple-Nutzern führen.

Grundfunktionen	
cmd ⌘ + ,	Einstellungen
cmd ⌘ + K	FaceTime aktivieren
cmd ⌘ + H	FaceTime ausblenden
alt ⌥ + cmd ⌘ + H	Andere ausblenden
cmd ⌘ + Q	FaceTime beenden

Bearbeiten	
cmd ⌘ + Z	Widerrufen
⇧ + cmd ⌘ + Z	Wiederholen
cmd ⌘ + X	Ausschneiden
cmd ⌘ + C	Kopieren
cmd ⌘ + V	Einsetzen

cmd ⌘ + A	Alles auswählen
cmd ⌘ + F	Suchen

Video	
cmd ⌘ + R	Querformat verwenden
ctrl + cmd ⌘ + F	Vollbild ein

Fenster	
cmd ⌘ + W	Schließen
cmd ⌘ + M	Minimieren

Karten

Karten ist der Routenplaner von Mac OS X, vergleichbar mit Google Maps. An einem Mac erstellte Routen können dann z. B. an das iPhone übertragen werden.

Grundfunktionen	
cmd ⌘ + H	Karten ausblenden
alt ⌥ + cmd ⌘ + H	Andere ausblenden
cmd ⌘ + Q	Karten beenden

Ablage	
cmd ⌘ + N	Neues Fenster
cmd ⌘ + W	Fenster schließen
cmd ⌘ + P	Drucken

Bearbeiten	
cmd ⌘ + Z	Widerrufen
⇧ + cmd ⌘ + Z	Wiederholen
cmd ⌘ + X	Ausschneiden
cmd ⌘ + C	Kopieren
cmd ⌘ + V	Einsetzen
cmd ⌘ + A	Alles auswählen
cmd ⌘ + F	Suchen

Darstellung	
cmd ⌘ + 1	Standard
cmd ⌘ + 2	Hybrid
cmd ⌘ + 3	Satellit
cmd ⌘ + +	Vergrößern
cmd ⌘ + -	Verkleinern
cmd ⌘ + ↑	Nordausrichtung
cmd ⌘ + L	Zum aktuellen Ort
cmd ⌘ + 0	3D ausblenden
cmd ⌘ + R	Route einblenden
⇧ + cmd ⌘ + D	Stecknadel setzen
cmd ⌘ + D	Lesezeichen hinzufügen
ctrl + cmd ⌘ + F	Vollbild ein/aus

Fenster	
cmd ⌘ + M	Im Dock ablegen

Tools für OS X

Neben den bereits aufgeführten anwendungsorientierten Programmen stellt OS X zur Systempflege noch eine Reihe sogenannter Dienstprogramme zur Verfügung.

Bildschirmfoto

Erstellt Abbildungen, sprich Screenshots, vom aktuellen Bildschirminhalt.

Grundfunktionen	
cmd ⌘ + ,	Einstellungen
cmd ⌘ + H	Bildschirmfoto ausblenden
alt ⌥ + cmd ⌘ + H	Andere ausblenden
cmd ⌘ + Q	Bildschirmfoto beenden

Ablage	
cmd ⌘ + W	Schließen
cmd ⌘ + S	Sichern
cmd ⌘ + P	Drucken

Bearbeiten	
cmd ⌘ + X	Ausschneiden
cmd ⌘ + C	Kopieren
cmd ⌘ + V	Einsetzen
cmd ⌘ + A	Alles auswählen
cmd ⌘ + I	Information

Foto	
⇧ + cmd ⌘ + A	Ausgewählter Bereich
⇧ + cmd ⌘ + W	Fenster
cmd ⌘ + Z	Bildschirm
⇧ + cmd ⌘ + Z	Selbstauslöser

Fenster	
cmd ⌘ + M	Im Dock ablegen

TextEdit

Ein einfacher Texteditor mit grundlegenden Funktionen der Textverarbeitung.

Grundfunktionen	
cmd ⌘ + ,	Einstellungen
cmd ⌘ + H	TextEdit ausblenden
ctrl + cmd ⌘ + H	Andere ausblenden
cmd ⌘ + Q	TextEdit beenden

Ablage	
cmd ⌘ + N	Neu
cmd ⌘ + O	Öffnen
cmd ⌘ + W	Schließen
cmd ⌘ + S	Sichern
⇧ + cmd ⌘ + S	Duplizieren

alt ⌥ + cmd ⌘ + P	Eigenschaften einblenden
⇧ + cmd ⌘ + P	Papierformat
cmd ⌘ + P	Drucken

Bearbeiten

cmd ⌘ + Z	Widerrufen
⇧ + cmd ⌘ + Z	Wiederholen
cmd ⌘ + X	Ausschneiden
cmd ⌘ + C	Kopieren
cmd ⌘ + V	Einsetzen
alt ⌥ + ⇧ + cmd ⌘ + V	Einsetzen und Stil anpassen
cmd ⌘ + A	Alles auswählen
⇧ + cmd ⌘ + A	Anhänge hinzufügen

Format

⇧ + cmd ⌘ + T	In formatierten Text umwandeln
⇧ + cmd ⌘ + W	Seitenränder einblenden

Darstellung

cmd ⌘ + 0	Originalgröße
alt ⌥ + cmd ⌘ + +	Vergrößern
alt ⌥ + cmd ⌘ + -	Verkleinern

Fenster

cmd ⌘ + M	Im Dock ablegen

Rechner

Ein einfacher Taschenrechner mit Grundrechenarten, der sich mit einem Klick zu einem wissenschaftlichen Rechner mausert.

Grundfunktionen	
cmd ⌘ + H	Rechner ausblenden
alt ⌥ + cmd ⌘ + H	Andere ausblenden
cmd ⌘ + Q	Rechner beenden

Ablage	
cmd ⌘ + W	Schließen
⇧ + cmd ⌘ + S	Beleg sichern unter
⇧ + cmd ⌘ + P	Papierformat
cmd ⌘ + P	Beleg drucken

Bearbeiten	
cmd ⌘ + Z	Widerrufen
⇧ + cmd ⌘ + Z	Wiederholen
cmd ⌘ + X	Ausschneiden
cmd ⌘ + C	Kopieren
cmd ⌘ + V	Einsetzen
cmd ⌘ + A	Alles auswählen

Darstellung	
cmd ⌘ + 1	Standard
cmd ⌘ + 2	Wissenschaftlich

cmd ⌘ + 3	Programmierer
cmd ⌘ + R	Umgekehrte Polnische Notation

Fenster	
cmd ⌘ + M	Im Dock ablegen
cmd ⌘ + T	Beleg einblenden

Schriftsammlung

Damit erweitern Sie die bereits installierten Schriften um neue Font-Familien, die dann in allen Programmen zur Verfügung stehen.

Grundfunktionen	
cmd ⌘ + ,	Einstellungen
cmd ⌘ + H	Schriftsammlung ausblenden
alt ⌥ + cmd ⌘ + H	Andere ausblenden
cmd ⌘ + Q	Schriftsammlung beenden

Ablage	
cmd ⌘ + N	Neue Sammlung
alt ⌥ + cmd ⌘ + N	Neue Bibliothek
cmd ⌘ + O	Schriften hinzufügen
cmd ⌘ + W	Schließen
cmd ⌘ + S	Bericht sichern
cmd ⌘ + R	Im Finder zeigen
cmd ⌘ + P	Drucken

Bearbeiten

cmd ⌘ + Z	Widerrufen
⇧ + cmd ⌘ + Z	Wiederholen
cmd ⌘ + X	Ausschneiden
cmd ⌘ + C	Kopieren
cmd ⌘ + V	Einsetzen
cmd ⌘ + ←	Löschen
cmd ⌘ + A	Alle auswählen
⇧ + cmd ⌘ + D	Familie *Fontname* deaktivieren
⇧ + cmd ⌘ + E	*Alle Schriften* deaktivieren
cmd ⌘ + L	Nach aktivierten Duplikaten suchen
alt ⌥ + cmd ⌘ + F	Schrift suchen
cmd ⌘ + F	Suchen
cmd ⌘ + G	Weitersuchen (vorwärts)
⇧ + cmd ⌘ + G	Weitersuchen (rückwärts)

Vorschau

cmd ⌘ + 1	Beispiel
cmd ⌘ + 2	Repertoire
cmd ⌘ + 3	Eigene
cmd ⌘ + I	Schriftinformationen einblenden
alt ⌥ + cmd ⌘ + I	Vorschau ausblenden

Fenster

cmd ⌘ + M	Im Dock ablegen

Festplattendienstprogramm

Interne und externe Festplatten auf Fehler prüfen und gefundene Fehler beheben, formatieren und neu partitionieren.

Grundfunktionen	
cmd ⌘ + ,	Einstellungen
cmd ⌘ + H	Festplattendienstprogramm ausblenden
alt ⌥ + cmd ⌘ + H	Andere ausblenden
cmd ⌘ + Q	Festplattendienstprogramm beenden

Ablage	
cmd ⌘ + N	Neues Fenster
alt ⌥ + cmd ⌘ + N	Leeres Image
⇧ + cmd ⌘ + N	Image von Ordner
alt ⌥ + cmd ⌘ + O	Image öffnen
cmd ⌘ + W	Schließen
cmd ⌘ + I	Information
cmd ⌘ + R	Im Finder zeigen
⇧ + cmd ⌘ + M	Aktivieren
cmd ⌘ + E	Auswerfen
cmd ⌘ + J	Journaling aktivieren
cmd ⌘ + P	Drucken

Bearbeiten	
cmd ⌘ + Z	Widerrufen

⇧ + cmd ⌘ + A	Wiederholen
cmd ⌘ + X	Ausschneiden
cmd ⌘ + C	Kopieren
cmd ⌘ + V	Einsetzen
cmd ⌘ + A	Alles auswählen

Images	
cmd ⌘ + B	Brennen

Fenster	
cmd ⌘ + M	Im Dock ablegen
cmd ⌘ + L	Protokoll einblenden
alt ⌥ + cmd ⌘ + T	Symbolleiste ausblenden

Schlüsselbundverwaltung

Speichert auf Nachfrage alle Kennwörter, die man zum Anmelden für Webseiten, Server oder E-Mail-Anwendungen benötigt.

Grundfunktionen	
cmd ⌘ + ,	Einstellungen
alt ⌥ + cmd ⌘ + A	Schlüsselbund – Erste Hilfe
alt ⌥ + cmd ⌘ + K	Ticket-Viewer
cmd ⌘ + H	Schlüsselbundverwaltung ausblenden
alt ⌥ + cmd ⌘ + H	Andere ausblenden
cmd ⌘ + Q	Schlüsselbundverwaltung beenden

Ablage

cmd ⌘ + N	Neues Kennwort
⇧ + cmd ⌘ + N	Neue sichere Notiz
alt ⌥ + cmd ⌘ + N	Neuer Schlüsselbund
⇧ + cmd ⌘ + I	Objekte importieren
⇧ + cmd ⌘ + E	Objekte exportieren
⇧ + cmd ⌘ + A	Schlüsselbund hinzufügen
alt ⌥ + cmd ⌘ + ←	Schlüsselbund *Anmeldung* löschen
cmd ⌘ + W	Schließen
cmd ⌘ + I	Information
cmd ⌘ + L	Schlüsselbund *Anmeldung* schützen

Bearbeiten

cmd ⌘ + Z	Widerrufen
⇧ + cmd ⌘ + Z	Wiederholen
cmd ⌘ + X	Ausschneiden
cmd ⌘ + C	Kopieren
⇧ + cmd ⌘ + C	Kennwort in die Zwischenablage kopieren
←	Löschen
cmd ⌘ + A	Alles auswählen
alt ⌥ + cmd ⌘ + L	Schlüsselbundliste
alt ⌥ + cmd ⌘ + F	Suchen

Darstellung

cmd ⌘ + K	Schlüsselbund ein-/ausblenden

Fenster	
cmd ⌘ + M	Im Dock ablegen

Terminal

Mac OS X basiert im Kern auf dem klassischen UNIX-Betriebssystem. UNIX arbeitet ohne grafische Benutzeroberfläche und wird mit Kommandozeilenbefehlen gesteuert. Und wozu braucht man das heute? Weil es auf Administratorebene immer noch Aufgaben gibt, die via Kommandozeilenbefehl schneller gelöst werden können als mit der Maus.

Grundfunktionen	
cmd ⌘ + ,	Einstellungen
cmd ⌘ + H	Terminal ausblenden
alt ⌥ + cmd ⌘ + H	Andere ausblenden
cmd ⌘ + Q	Terminal beenden

Shell	
cmd ⌘ + N	Neues Fenster
cmd ⌘ + T	Neuer Tab
⇧ + cmd ⌘ + N	Neuer Befehl
⇧ + cmd ⌘ + K	Neue entfernte Verbindung
cmd ⌘ + O	Importieren
cmd ⌘ + W	Schließen
cmd ⌘ + S	Text exportieren als

⇧ + cmd ⌘ + S	Ausgewählten Text exportieren als
cmd ⌘ + I	Informationen einblenden
⇧ + cmd ⌘ + I	Titel bearbeiten
cmd ⌘ + R	„Reset" senden
alt ⌥ + cmd ⌘ + R	„Hard Reset" senden
alt ⌥ + cmd ⌘ + P	Auswahl drucken
cmd ⌘ + P	Drucken

Bearbeiten

cmd ⌘ + Z	Widerrufen
⇧ + cmd ⌘ + Z	Wiederholen
cmd ⌘ + X	Ausschneiden
cmd ⌘ + C	Kopieren
cmd ⌘ + V	Einsetzen
ctrl + cmd ⌘ + V	Text mit Steuerzeichen einsetzen
⇧ + cmd ⌘ + V	Auswahl einsetzen
cmd ⌘ + A	Alles auswählen
cmd ⌘ + K	Alle löschen
alt ⌥ + cmd ⌘ + K	Zeilenpuffer löschen
cmd ⌘ + F	Suchen
cmd ⌘ + G	Weitersuchen (vorwärts)
⇧ + cmd ⌘ + G	Weitersuchen (rückwärts)
cmd ⌘ + E	Auswahl suchen
cmd ⌘ + J	Auswahl anzeigen

Ansicht	
⇧+cmd ⌘+T	Tableiste einblenden
⇧+cmd ⌘+L	Alternativen Bildschirm einblenden
cmd ⌘+D	Geteiltes Fenster
⇧+cmd ⌘+D	Geteiltes Fenster schließen
cmd ⌘++	Größer
cmd ⌘+-	Kleiner
cmd ⌘+↖	Zum Anfang
cmd ⌘+↘	Zum Ende
cmd ⌘+↑	Zeile nach oben
cmd ⌘+↓	Zeile nach unten
ctrl+cmd ⌘+F	Vollbild ein

Fenster	
cmd ⌘+M	Im Dock ablegen
cmd ⌘+´	Nächstes Fenster
cmd ⌘+}	Nächsten Tab auswählen
cmd ⌘+{	Vorherigen Tab auswählen